BESTSELLER

José Gil Olmos es reportero egresado de la Facultad de Estudios Superiores Acatlán-UNAM desde 1989. Como periodista, empezó en el diario *El Nacional* en la sección cultural, de la que fue jefe en 1989-1990, y luego reportero de la fuente política. Hacia 1993 pasó al periódico *La Jornada*, donde cubrió el conflicto de Chiapas y posteriormente la fuente política y la guerrilla del EPR. A partir de 2001 comenzó a trabajar en la revista *Proceso*, donde sigue cubriendo la fuente política, temas sociales y la guerrilla. Sus artículos han sido publicados en España y Francia. En 1999 colaboró en la realización del documental "Las Cenizas del Volcán", del director valenciano Pedro Perez Rosado, que recibió reconocimiento en el festival de La Habana.

JOSÉ GIL OLMOS

Los brujos del poder

El ocultismo en la política mexicana

DeBOLS!LLO

Los brujos del poder
El ocultismo en la política mexicana

Primera edición: octubre, 2008
Novena reimpresión: enero, 2010

D. R. © 2007, José Gil Olmos

Julio Scherer García por el prólogo

D.R. © Diseño y foto de portada: Genoveva Saavedra

D. R. © 2007, derechos de edición mundiales en lengua castellana
　　　Random House Mondadori, S. A. de C. V.
　　　Av. Homero núm. 544, Col. Chapultepec Morales,
　　　Del. Miguel Hidalgo, C. P. 11570, México, D. F.

www.rhmx.com.mx

Comentarios sobre la edición y el contenido de este libro a:
literaria@rhmx.com.mx

ISBN 978-970-810-512-5

Impreso en México / *Printed in Mexico*

Esta edición se terminó de imprimir en Litográfica Ingramex S.A. de C.V., Centeno 162-1, Col. Granjas Esmeralda, C.P. 09810, México D.F., en el mes de enero de 2010.

ÍNDICE

IV. Los nuevos tiempos

A María, mi madre, por las lecciones de vida.
A José, mi padre, por el respeto a los caminos elegidos.

ADVERTENCIA

Este libro trata un tema sensible: la relación que han sostenido algunos políticos mexicanos con brujos, hechiceros, chamanes y personajes que pertenecen al mundo mágico y mitológico. Debido precisamente a esto, nos dimos a la tarea de conseguir fuentes directas de información y nunca de tercera mano; el objetivo ha sido acreditar este fenómeno tan extendido en la historia de la política mexicana, aunque reconocemos que también es un hecho universal.

Una parte muy importante de esta investigación se basó en los testimonios de personas que pidieron el anonimato como única condición para narrar lo que vieron de manera directa, a lo que accedí por razones de seguridad, pues algunos de los personajes políticos de los que se habla siguen teniendo un enorme poder. Otra parte de la investigación está fundamentada en textos dedicados a personajes históricos, los cuales nos dieron diversas pautas para la investigación.

Aunque el presente trabajo se concentró en los casos que pude acreditar, circunscribiéndome al siglo XX y a los inicios del XXI, vale la pena señalar que existen muchos otros casos que, sin embargo, no abordé porque la información que logré recabar era de tercera mano. Es importante señalar, asimismo, que en todo momento se mantuvo la distancia que separa la vida pública de la privada, por lo que sólo se eligieron los casos en que las prácticas esotéricas o místicas trascendían a la acción pública.

Vaya mi gratitud sincera para quienes tuvieron el valor de contarme sus experiencias al lado de los actores políticos que nos han gobernado. Sin su valiente testimonio no habría sido posible realizar este trabajo.

PRÓLOGO

El libro de José Gil Olmos me llevó a una de las pasiones de mi vida: la música. Entre las páginas de *Los brujos del poder*, mi memoria se fue llenando de notas y armonías, recuerdos de muchas horas en las salas de conciertos o inmóvil al lado del tocadiscos de hace tantos años y los CD y DVD de hoy.

En relación con la brujería brotaron los nombres y las obras sin tiempo, eternos, para decirlo en un lenguaje fácil, pero preciso. Paul Dukas y *El aprendiz de brujo*, *El amor brujo* de Manuel de Falla, pero sobre todo Nicolo Paganini, pieza central en el grato quehacer de escribir estas líneas.

En su mundo, Paganini alcanzó la gloria y aun estuvo a punto de superarla. Hechicero como no ha habido otro en el matrimonio arrebatado de un artista con su instrumento, en Viena desbancó a los músicos locales y le llovieron invitaciones de países cercanos y remotos. A todos enloqueció. Franz Peter Schubert malbarató tres de sus "lieder" para comprarse una entrada y en su diario dejó escrito: "En el adagio de Paganini escuché cantar a un ángel".

Hay un dato que sobrecoge: el genovés recibió por un concierto la misma recompensa que Schubert por su *Sinfonía inconclusa*. Ni en la Europa musical ni en sitio alguno podría darse algo igual. Paganini, brujo, embrujó a su tiempo.

Su nombre se volvió moda: bastones, sombreros y bebidas a la Paganini, pasteles con la efigie del italiano genial, canciones alusivas a él, todo se concentró en el maestro de manos enormes y dedos que abarcaban como a un muñeco su violín portentoso. En Alemania, país de trato soberano a los músicos, todos maestros, la leyenda fáustica aún sigue viva. La mentalidad germana había llegado al paroxismo, a través de la razón pura se buscaría la explicación de un fenómeno sobrenatural: Paganini.

Rodeado de un halo de misterio, la fama del ínclito violinista se acrecentaba con cada concierto. Para un ser común y corriente era imposible un dominio instrumental de tal magnitud sin haber vendido su alma al diablo. Con tal de inspeccionar de cerca al hacedor de prodigios, el Vaticano lo recibió en San Pedro y lo condecoró a posteriori con "La Espuela de Oro".

Sifilítico, envenenada la sangre con mercurio, la agonía del célebre maestro fue lenta y atroz. Entre sus desgracias, fue tiranizado por charlatanes que le ofrecían curas milagrosas y en Niza, su hijo ilegítimo pidió que le fueran administrados los santos óleos.

Pero la voluntad del padre se impuso: era pronto aún para exhalar el último aliento. Rechazado el sacerdote, al cadáver no se le concedió cristiana sepultura. A Aquiles, el hijo bastardo, le tocaría en su suerte deambular 11 años con el cadáver embalsamado a cuestas. Hubo de rechazar ofertas de circos que pretendían exponer al público a ese mago del violín que yacía inerte en su ataúd de nogal. En el cementerio de Parma se decía que, de vez en cuando, un grupo de brujas acudía con sus escobas para rendirle tributo al indómito violinista. Hubo quien afirmara que del "Guarneri de Gesú", que Paganini dejó en heredad al ayuntamiento de Génova, se desprendía humo a través de sus efes si alguien se atrevía a recrear la música sobre sus cuerdas portentosas.

Al trabajo de José Gil le agradezco que haya removido recuerdos y emociones que tan hondo llegan. Pienso que los libros adquieren su propia brujería en cuanto caen en manos de un lector. En ellos hay una manera de vivir lo ya vivido. Y vivir otra vez es cuestión de brujería.

Julio Scherer García

INTRODUCCIÓN

Desde que la política se volvió el espacio donde se ejerce el poder, es decir, cuando concentró su ejercicio en manos de un grupo determinado de personas, quienes ostentaron el monopolio del poder buscaron el apoyo de lo divino. La relación entre políticos y brujos se remonta así hasta el origen mismo de las sociedades. Es la sacralización de lo político, el paso de lo divino a lo terrenal, donde lo terrenal se justifica, apoya y sustenta por lo divino. En todo el mundo, y México no es una excepción, los políticos se han acercado a brujos y astrólogos, a videntes y hechiceros, a chamanes y espiritistas. Pero las razones originales se han ido deformando con el paso del tiempo: mientras las sociedades se alejan de las religiones, el sentido de lo divino se trastoca para permanecer. Ya no se comparte ni se justifica el poder, sino que se apoya a éste, se le recomiendan acciones a los políticos, se les predice el futuro. Hoy los políticos sólo ambicionan poseer un oráculo. Quieren ver el futuro, alejar las envidias, "trabajar" a sus opositores. Quieren obtener un mayor poder, volverse intocables durante el ejercicio del poder público. No desean ser legitimados, que eso lo hace la democracia, quieren ser invencibles.

La fila de gobernantes proclives al susurro de la magia es larga y ancha. Reyes y reinas, príncipes y princesas, emperadores, zares, señores feudales, presidentes y jefes de Estado, mandos militares y gobernadores, ediles, líderes de organizaciones sociales, presidentes municipales y hasta políticos partidistas de menor importancia acuden a pedir ayuda y protección. Todos consultan y mantienen cerca a algún personaje vinculado con lo sobrenatural, que a su vez y a su manera ejerce una expresión singular del poder. Incluso ha habido políticos que, influidos por el poder que se les presenta ante los ojos, han pretendido practicar sortilegios.

Aunque ningún pueblo se salva de políticos afines a estas prácticas, quienes han tenido gobernantes de espíritu imperialista son, quizá, los que más han padecido el influjo de aquellos que podemos llamar los Brujos de la Política, atendiendo la incidencia que éstos tienen en el ejercicio del poder desde hace varios miles de años: desde que, en el antiguo imperio persa, surgió el término *magia* con el objetivo de denominar al grupo de sacerdotes que cultivaban "el arte de influir en el curso de los acontecimientos por medios sobrenaturales".

Los emperadores del Viejo Mundo —egipcios, griegos y romanos— tenían la creencia de que el porvenir se podía ver a través de actos religiosos, que en muchas ocasiones implicaban sacrificios. Los griegos, precursores de la política moderna, de la lógica y la razón, también fueron influidos por la magia, representada por seres mitológicos como Medea y Circe, las más grandes hechiceras de la mitología cretense. Además, como ejemplifica la literatura antigua, los éforos espartanos acudían con los hechiceros a contemplar el oráculo durante los ritos paganos para, de esa manera, tomar decisiones trascendentales para el futuro de su pueblo.

En el caso de los romanos es famoso el rito de los idus de marzo, en el que se leía el futuro en las vísceras de las aves convertidas en oráculo sangriento. Quizás el pasaje más difundido de este rito es la advertencia hecha a Clodio Julio César, a quien el oráculo le advirtió que los senadores del Imperio le tenían preparada una traición mortal.[1]

Otras culturas, como la celta, la sajona o la bretona, tuvieron sus propios ritos, dioses, brujos, magos y seres mitológicos, a los que acudían sus gobernantes, siempre con el objetivo de incidir en el futuro.

Con la llegada de la Edad Media, tanto los brujos como sus prácticas fueron estigmatizados por la Iglesia católica (de ahora en adelante, Iglesia), que entonces dominaba toda Europa y que necesitaba presentarse como la única institución divina. El monopolio de la magia, representado por la persecución que significó la inquisición, se extendió hacia América tras su descubrimiento. Sin embargo, y a pesar de la pretensión monopólica de la Iglesia, la figura de los magos, chamanes y videntes se mantuvo con la anuencia de las estructuras terrenales de poder, cuyos actos los brujos justificaban.

Como explica la investigadora de la Universidad Nacional Autónoma de México (UNAM), Esther Cohen, en su libro *Con el diablo en el cuerpo*:

En la magia de los siglos XV y XVI, el filósofo, el mago, el inquisidor y la bruja se vieron sometidos a un enfrentamiento brutal, donde la posibilidad de existencia de uno parecía construirse, sin remedio alguno, sobre la ruina del otro. Fue así como, en términos generales, el horizonte de la magia se fue desdibujando y adquirió modalidades inéditas. Quizá sería más acertado decir que no fueron únicamente sus "practicantes" quienes decidieron darle un giro mayor a este ejercicio milenario, sino las estructuras de poder y el reacomodo general de una sociedad que colocaron la magia, no a toda sino a aquella incapaz de dar a su práctica un discurso legitimador e institucional, en el banquillo de los acusados: la magia popular, concretamente, la llamada brujería, vino a ocupar el lugar del otro, del enemigo, de aquel que asedia y a quien habrá que castigar [...].

La bruja, antes curandera, hechicera, amiga del pueblo, inclusive de la propia Iglesia que veía en su práctica una función *productiva*, en la medida en que ocupaba un lugar en el desempeño de la salud social, se transforma violentamente en la enemiga de todo aquello a lo que aspira una sociedad, como la renacentista, que pretende superar las supuestas tinieblas del Medioevo. Sin embargo, la magia, entendida como la filosofía más sublime del periodo, no desaparece. Muy por el contrario, ésta resurge con mayor fuerza, sólo que esta vez no en los márgenes de la sociedad, sino en las cortes, en las universidades y en las iglesias. La magia adquiere en los siglos XV y XVI un lugar determinante en la cultura alta: es ella la que se constituye, en palabras de Ficino, en la *copula mundi*, en la "única disciplina con la posibilidad de albergar a la filosofía y, aunque parezca extraño, a la teología. Filosofía y teología, "compañeras" desde la Edad Media, se ven ahora asumidas por la magia natural, entendida como la posibilidad última y única de comprender y manipular la naturaleza y, a través de ella, acercarse al mundo divino.[2]

Esta distinción es muy importante para los propósitos de este trabajo, pues sólo así podemos entender la presencia permanente, a veces oculta y otras no tanto, de personajes como Merlín y Rasputín en las cortes británicas y rusas, desempeñando un papel importante en la toma de decisiones de sus respectivos reyes. Magos como éstos, con poderes sobrenaturales, capaces de leer los signos ocultos y de vaticinar el futuro, son el sueño dorado de los políticos actuales.

No sólo las elites políticas del Viejo Mundo se acercaron o practicaron los ritos mágicos del poder; en América, los chamanes son un precedente claro de esta figura. Ahí están los ritos indígenas relacionados con los hongos o el peyote; ahí también, la presencia de los sacerdotes sentados siempre a un lado de los emperadores aztecas y mayas. Pareciera que todo ejercicio de poder necesita estar acompañado de un juego de adivinación, una razón en mitad del déficit absoluto de razones. Algo que dé seguridad y confianza ante la incertidumbre de futuro.

Esta vinculación entre brujos —como en este libro podemos llamarles genéricamente, de una manera aventurada y para fines prácticos— y elites políticas permanece hasta nuestros días. Por ejemplo, el movimiento Nacional Socialista (nazi) de Adolfo Hitler tenía un fuerte contenido esotérico. Su teoría racista del "hombre nuevo", del ser superior, se basaba en una concepción mágica del mundo y del hombre. Louis Pauwels y Jacques Bergier, en su polémica obra *El retorno de los brujos*,[3] documentan el vínculo que existía entre los brujos y los funcionarios de la Alemania nazi. Hace apenas unos días, el 4 de marzo de 2008, la agencia informativa AFP dio a conocer que, según documentos desclasificados por el gobierno británico, Adolfo Hitler tomaba muchas de sus decisiones tras consultar a su astrólogo personal, Karl Ernest Krafft. Por su parte, aseguró AFP, Gran Bretaña contrató a un astrólogo de origen húngaro, Louis de Whol, quien leyó en el cielo las acciones que Hitler tomaría.

Un caso más cercano lo encontramos en Argentina, el llamado "Brujo Criollo", José López Rega, cantante de boleros frustrado y futbolista fracasado del River Plate, quien pasó de policía a secretario particular, consultor, curandero y asesor de Juan Domingo Perón. El "Rasputín de la pampa" también fue uno de los personajes más influyentes y tétricos de la dictadura militar argentina, al auspiciar el escuadrón de la muerte —la Alianza Anticomunista Argentina—, al que se le adjudica la muerte de más de 2 mil militantes de izquierda. Este personaje, un masón que practicaba el "umbandismo", culto brasileño que sincretiza las religiones africanas, el catolicismo, las prácticas indígenas, el espiritismo y el ocultismo, decía que era capaz de curar "fallas humanas" y "males espirituales".[4]

Igualmente, en España existe la historia de que el dictador Francisco Franco consultaba a las brujas del norte de África, especialmente una que se llamaba Mersida y vivía en Marruecos. Franco participó en rituales satánicos marroquíes y en sesiones espiritistas al lado de toda su familia. El Caudillo creía ciegamente ser el elegido de Dios y pensaba que la suya era una cruzada contra los masones y contra el comunismo.

En México, los casos en los que gobernantes y políticos se han relacionado con brujos y chamanes, espíritus y videntes, son muchos y muy frecuentes. Sin importar los niveles, los puestos o los partidos, los políticos mexicanos buscan una y otra vez al brujo que los hará invencibles.

El presente libro aborda la relación que se ha dado entre la política y esa otra expresión del poder que puede llamarse brujería, magia —negra o blanca—, esoterismo, numerología, cartomancia o espiritismo. Una línea constante que atraviesa la vida política mexicana desde hace mucho tiempo y de la cual se ha escrito muy poco.

Numerosos políticos mexicanos, de antaño y de ahora, han sido señalados por su cercanía con esta otra expresión del poder, como llamaremos a este fenómeno histórico. Ejemplos hay muchos: Francisco I. Madero y Felipe Ángeles fueron conocidos por su fe en el espiritismo, lo mismo que el presidente anticlerical Plutarco Elías Calles fue reconocido por su fervor al Niño Fidencio. Carlos Salinas tenía su brujo de cabecera, así como durante el gobierno de Ernesto Zedillo surgió la increíble historia de la Paca, vidente de la que se pretendió servir el poder para resolver el asesinato de José Francisco Ruiz Massieu.

El ex gobernador de Tamaulipas, Manuel Cavazos Lerma, traía todo el tiempo una pirámide pequeña bajo su sombrero para alentar la energía positiva. Su fe en "El despertar de las conciencias" era absoluta; el curso de meditación oriental del Maharishi llegó a ser implantado entre los funcionarios de gobierno de todos los niveles y se intentó impartir en todas las aulas de educación básica como materia de superación.

Por su parte, el subcomandante Marcos siempre ha estado rodeado de símbolos religiosos. Uno de éstos es el báculo de poder de los siete pueblos mayas de Chiapas, que se le entregó en una ceremonia, cargada de alegorías, celebrada en el corazón de la Selva Lacandona.

Contra lo que se podría esperar, con la entrada del Partido Accion Nacional al poder no disminuyeron los casos de políticos afines a la magia o a la brujería. Cobijado en la creencia del poder metafísico vinculado con la ciencia, Francisco Barrio, cuando era gobernador, caminó sobre brasas en una ceremonia de supuesta neurolingüística, en aras de sus aspiraciones por trascender.

De manera más reciente tenemos el caso de Marta Sahagún, la esposa del ex presidente Vicente Fox, que en la residencia oficial de Los Pinos hacía ceremonias de magia y brujería junto con varios ayudantes, entre quienes se encontraba Gina Morris Montalvo, supuesta prima del ex jefe de aduanas José Guzmán Montalvo, a quien se acusa de haber beneficiado a los hijos de la ex primera dama. Otro caso es el de Santiago Pando, pieza fundamental en la imagen de campaña de Fox durante 2000, ferviente creyente de la corriente mística conocida como "mayas galácticos".

Hoy en día, uno de los personajes políticos más identificados por su afición a los actos de brujería es la maestra Elba Esther Gordillo. De acuerdo con diversas versiones de sus ex colaboradores más cercanos, la maestra tiene varios brujos que la protegen de sus enemigos y, al mismo tiempo, la mantienen en el poder. Uno de sus principales brujos es africano, a quien ha acudido en las ocasiones más adversas o importantes. Una de estas visitas la hizo durante la administración de Ernesto Zedillo; en un momento crítico, la poderosa lideresa sindical viajó al Continente Negro y participó en un rito de magia negra que consistía en ser bañada en sangre de león para después, semidesnuda, ser envuelta en la piel del animal, dentro de una choza donde habían colocado una enorme foto del presidente en turno. Al parecer, el rito funcionó, pues a su regreso Zedillo la llamó para negociar posiciones en el Sindicato Nacional de Trabajadores de la Educación.

También hay otros altos políticos, de los partidos Revolucionario Institucional y de la Revolución Democrática, que son aficionados a la brujería. Actualmente, la santería y la devoción hacia la Santa Muerte son las costumbres principales entre los políticos mexicanos, sobre todo por parte de muchos legisladores, quienes portan pulseras de colores y figuras esqueléticas bajo sus trajes.

Recientemente, el filósofo argentino radicado en Canadá, Mario Bunge, en una entrevista publicada en el diario *el Clarín*, dijo que la brujería no solamente estaba en la política sino también en el comercio, en las universidades y en muchas otras partes. Sin embargo, asegura que prospera más entre los políticos por una razón esencial: su nivel cultural es más bajo.

Hay entusiasmo por líderes, en política en particular, que tienen lo que se llama carisma pero que no hacen nada concreto por mejorar las condiciones de vida de la gente. Estados Unidos es un caso típico: el actual presidente ha sido votado dos veces y todo el mundo sabe que es un hombre ignorante, inculto, cruel, que no tiene escrúpulos de ningún tipo. Es arrogante, cree que habla directamente con Dios. Y, sin embargo, ha tenido el voto del 50 por ciento del electorado. Ahí tiene usted un brujo que ni siquiera piensa por cuenta propia, porque ya se sabe que sus allegados más próximos son quienes piensan y planean por él. La gente, en general, es crédula. Somos muy ingenuos, y no solamente en la Argentina sino también en países avanzados como EE. UU.

Este libro es un intento por dar a conocer esta parte de la historia política mexicana. Busca hacer pública la atracción de algunos gobernantes o personajes poderosos hacia la magia, la brujería u otras expresiones que parecieran lejanas a una actividad que creemos secularizada y que, sin embargo, inciden directamente en la toma de decisiones de los políticos. No se trata de hurgar en la vida íntima de la llamada clase política, sino de retratar esta parte de su vida, una parte nebulosa, con implicaciones en su quehacer público, un aspecto que está más allá de las transiciones o de los pactos hacia la democracia.

Parafraseando aquella vieja película de Miklós Jancso, en esencia se trata de mirar los "vicios privados" que se transforman en "virtudes públicas" de la clase política y gobernante del país.

I. LOS ESPIRITISTAS DE LA REVOLUCIÓN

En tiempos de crisis o convulsión social, crece la necesidad por encontrar asideros capaces de evitar el sentimiento de soledad. Se busca eliminar el sentimiento de inseguridad y encontrar los caminos que conduzcan hacia mejores rumbos. Es en esos tiempos cuando toman preeminencia las corrientes religiosas y místicas, los redentores, héroes y personajes que pretenden dar luz y que se dicen capaces de ahuyentar la incertidumbre por la que se atraviesa.

Esta necesidad, que es la que quizá sintieron los hombres de la Revolución mexicana, y la que los orilló a abrazar el espiritismo entonces en boga que permaneció con mucha fuerza desde finales del siglo XIX hasta mediados del XX, presentándose como una corriente con pretendida base científica.

Curtidos en las cruentas batallas donde murieron miles de campesinos a lo largo de todo el país, hombres como Francisco I. Madero, Felipe Ángeles, Plutarco Elías Calles, José Álvarez y Álvarez, José Luis Amezcua, Juan Andreu Almazán y, posteriormente, personajes de la "revolución institucionalizada", como Miguel Alemán Valdés, participaron en sesiones en las que se relacionaban con los "espíritus" que les daban respuestas a las incógnitas y dudas que surgían en el seno de una sociedad herida que lloraba a sus muertos.

Los "Hombres de la Revolución" recurrieron a sesiones espiritistas o de "parapsicología" realizadas en secreto desde 1929 hasta 1955. Éstas se llevaban a cabo en casas particulares y también tenían como participantes a decenas de intelectuales, políticos, funcionarios, escritores, abogados e investigadores, y quedaron registradas en las actas públicas del Instituto Mexicano de Investigaciones Síquicas (IMIS).

La presencia de estos personajes en las sesiones espiritistas se debía a la enorme curiosidad que despertaba entrar en contacto con seres de ultratumba, para comprobar las teorías que aseguraban que la existencia continúa más allá de la muerte. Por la cantidad de asistentes y por el número de reuniones realizadas, podemos decir que durante tres décadas el espiritismo fue una práctica común y una moda entre la clase intelectual y política mexicana. A algunos de estos hombres, curtidos en el campo de batalla, los "espíritus" los hicieron cambiar de forma de vida e influyeron en su toma de decisiones, que en más de un sentido afectaron al país en su momento y aun hasta nuestros días.

Durante años, estos hechos fueron proscritos de la memoria oficial, pues se consideraban banales. No obstante, como hemos dicho, algunos de los líderes más importantes de la Revolución y algunos de los políticos que vinieron tras ésta acudieron a consultar a los espíritus antes de tomar decisiones trascendentales.

La corriente filosófica del espiritismo, desarrollada en Estados Unidos y en Francia hacia la primera mitad del siglo XIX, incidió en el pensamiento humanista y de ayuda al prójimo. De hecho, ésta es una de las principales diferencias que hay entre quienes acudieron al espiritismo y quienes buscaron el contacto con lo sobrenatural a través de la brujería, la hechicería y demás ejercicios esotéricos implementados para fortalecer el poder público y, al mismo tiempo, alejar las envidias y a los opositores.

Desde los primeros días de enero de 1900, en el ático de Menfis, el rancho levantado sobre las tierras de San Pedro de las Colonias, Coahuila, Francisco Ignacio Madero González, un joven de apenas 27 años, estableció contacto con varios "espíritus" que le hablaban de la importancia que él tendría para el futuro de México y del mundo.

Aunque desde sus años en París había practicado sus dotes de "médium escribiente", no fue sino hasta que llegó a su tierra natal cuando los "espíritus" le revelaron algunas de las acciones que debía llevar a cabo para incidir en los cambios, no sólo en su disipada vida de hijo de una de las familias más acaudaladas de la época, sino también en el rumbo del país.

La primera vez que Madero sostuvo comunicación espírita escribió una línea ilegible, a partir de la cual todo iría aclarándose. Después de la segunda sesión comenzó a recibir un mensaje que lo impactó profundamente: "Ama a Dios sobre todas las cosas, y a tu prójimo como a ti mismo". Dicho mensaje lo acompañó durante toda su vida, hasta el día en que lo ejecutaron.

A partir de entonces Madero mantuvo comunicación con los espíritus durante ocho años. Sus manos escribían textos de manera automática cada vez que entraba en trance. Se trataba de escritos en los que los espíritus le hacían recomendaciones para cambiar sus hábitos —dejar de fumar y beber, hacerse vegetariano— y para realizar grandes proyectos, desarrollar su capacidad de curación y, con el tiempo, llevar a cabo las acciones que transformarían a México.

Todo empezó cuando Madero tenía 17 años y viajó a París para estudiar administración y comercio. Durante los primeros años en esa ciudad llevó una vida de derroche, pero hacia 1891, cuando toda su familia se había mudado ya a la capital francesa, Madero conoció los trabajos de Allan Kardec sobre el "espiritismo". A sus manos llegaron algunos números de *La Revue Spirite*, la revista que se encargó de difundir las ideas del teórico francés y a la cual estaba suscrito el padre de Madero. De esta manera no sólo conoció la vida en las calles, cafés y burdeles de la ciudad luz, sino que se hizo adepto a esta corriente filosófica.

A finales del siglo XIX, el "espiritismo" era una doctrina filosófica a la que Kardec le había dado forma y contenido mediante varios libros: *Los espíritus superiores* y el *Libro de los médiums*. Fue él quien creó el término *espiritismo*, definiéndolo como "sistema para el estudio del espíritu", es decir, "trata de la naturaleza, el origen y porvenir de los espíritus, así como también de sus relaciones con el mundo corporal".[1] Aunque los orígenes de dicha corriente se encuentran en Estados Unidos, donde hacia 1850 se dieron una serie de apariciones, es en Francia donde el pedagogo Hyppolyte Léon Denizard Rivail, quien cambió su nombre a Allan Kardec en un acto de "reencarnación", le da formalidad y trascendencia.[2]

En sus memorias, escritas en 1909, Madero describe su primer contacto con esta doctrina:

Entre mis múltiples y variadas impresiones de aquella época, el descubrimiento que más ha hecho trascendencia en mi vida, fue el que el año de 1891 llegaron a mis manos, por casualidad, algunos números de "La Revue Spirite" de la cual mi papá era suscriptor y que se publicó en París desde que la fundó el inmortal Allan Kardec.

En aquella época puedo decir que no tenía ninguna creencia religiosa y ningún credo filosófico, pues las creencias que alimenté en mi infancia y que tomaron cuerpo cuando estuve en el Colegio de San Juan (en Saltillo) se habían desvanecido por completo. Creo que si no hubiera ido a ese Colegio, en donde me hicieron conocer a la religión bajo colores tan sombríos e irracionales, las inocentes creencias que mi madre me inculcó en mi tierna infancia, hubieran perdurado por mucho tiempo.

Pero el hecho es que en aquella época no tenía ninguna creencia. Así que no tenía ninguna idea preconcebida, lo que me puso en condiciones de poder juzgar el espiritismo, de un modo desapasionado e imparcial.

Con gran interés leí cuanto número encontré de "La Revue Spirite" y luego me dirigí a las oficinas de la misma publicación que es donde existe la gran librería espírita. Mi objeto era comprar las obras de Allan Kardec que había visto recomendadas en su Revista. No leí esos libros sino que los devoré, pues sus doctrinas tan racionales, tan bellas, tan nuevas, me sedujeron y desde entonces me consideré espírita.

Sin embargo, a pesar de que mi razón había admitido esa doctrina y la había aceptado francamente, no influyó, desde luego, en modificar mi carácter y mis costumbres. La semilla estaba puesta en el surco y aunque desde luego germinó por haber caído en tierra fértil no por eso fructificó desde entonces, pues aun cuando había comprendido el alcance filosófico de la doctrina espírita, no comprendí desde luego su alcance moral y práctico. El triunfo, las vicisitudes, las consecuencias de mis actos, apreciados a la luz de mis nuevos conocimientos, me harían meditar profundamente y comprender con claridad las enseñanzas morales de la doctrina espírita.

Madero reconoció entonces que fue durante esa época cuando descubrió sus facultades de "médium", su capacidad para sostener comunicaciones de "ultratumba".

Cuando me penetré de lo racional y lógico que era la doctrina espírita, concurrí en París a algunos centros espíritas, en los cuales presencié algunos fenómenos interesantes. Los individuos cuyos trabajos fui a presenciar me manifestaron que yo también era "médium escribiente". Desde luego quise convencerme de ello y me puse a experimentar según las indicaciones que hace Kardec en el *Libro de los médiums*. Mis tentativas me dieron como resultado que trazara una pequeña línea con sinuosidades, lo cual atribuía yo al cansancio de la mano al permanecer mucho rato en la misma postura. Con este motivo y después de algunas tentativas aisladas, abandoné dichos experimentos. Sin embargo, una vez que estuvo enfermo del mal amarillo o fiebre gástrica Manuel Madero, que se encontraba en mi casa, siendo yo su médico o su enfermero, en las largas horas en que estaba pendiente de él y en las que no le dirigía la palabra para no cansarlo, se me ocurrió renovar mis tentativas con verdadera constancia y a los muy pocos experimentos comencé a sentir que una fuerza ajena a mi voluntad, movía mi mano con gran rapidez. Como sabía de qué se trataba, no solamente no me alarmé, sino que me sentí vivamente satisfecho y muy animado para proseguir mis experimentos. A los pocos días escribí con una letra grande y temblorosa: "Ama a Dios sobre todas las cosas y a tu prójimo como a ti mismo". Esa sentencia me causó gran impresión y siendo contraria a lo que yo me esperaba, me hizo comprender que las comunicaciones de ultratumba, nos venían a hablar de asuntos trascendentales. Yo estaba acostumbrado a considerar esta sentencia, como todas las que aprendí en mi infancia, pero sin concederle particular importancia, ni comprender su fondo moral o filosófico. Al día siguiente volví a escribir lo mismo, así como el tercero. Para entonces ya escribí un poco más, recomendándome el Ser Invisible que orara. Esto me impresionó aún más, pues si debo confesar la verdad, diré que era muy rara la vez la que procuraba elevar mi espíritu por medio de la oración.

Después seguí desarrollando mi facultad al grado de escribir con gran facilidad. Las comunicaciones que recibía eran sobre cuestiones filosóficas y morales y siempre eran tratadas todas ellas con gran competencia y con una belleza de lenguaje que me sorprendía y sorprendían a todos los que conocían mis escasas dotes literarias. Estas comunicaciones me hicieron comprender a fondo la filosofía espírita, sobre todo su parte moral y como en lo más íntimo me hablaban con gran claridad, los Invisibles que se comunicaban conmigo, lograron transformarme, de un joven libertino e inútil para la sociedad, en un hombre de justicia, honrado, que se preocupa por el bien de la Patria y que tiende a servirla en la medida de sus fuerzas. Para mí no cabe duda que la transformación moral que he sufrido, la debo a la "mediumnidad" y por ese motivo creo que es altamente moralizadora.

Como no sería justo que no se beneficiaran mis hermanos —me refiero a la Humanidad en general— con esos conocimientos y esa práctica que he adquirido, pienso escribir un libro sobre estos asuntos, tan pronto como pueda disponer de una temporada de calma. Quizá al terminarse la campaña electoral de 1910 o un poco más tarde, a menos que los azares de la lucha me lleven al calabozo, en donde podré dedicarme con toda calma a escribir mi libro.[3]

Al principio, Madero firmaba las comunicaciones que le dictaban los espíritus como Raúl, que era el nombre de uno de sus hermanos, que había muerto en un incendio a los cuatro años. Después firmaba como José Ramiro, y más tarde con los nombres de quienes no sólo marcarían el curso de su vida sino la del país, pues en estas comunicaciones se revela que fueron los espíritus libertarios los que guiaron a Madero durante el movimiento político que detonó en la Revolución mexicana.

Durante décadas, las cartas de Francisco I. Madero permanecieron ocultas como si fueran una parte vergonzante en la vida del Apóstol de la Democracia. Se trataba de negar un aspecto no sólo importante en la vida del primer Presidente revolucionario de México, sino, al mismo tiempo, la influencia que tuvo el espiritismo, en tanto doctrina filosófica y social de enorme peso en el pensamiento de la época, en el inicio del movimiento armado de 1910.

Si seguimos el orden de aparición de los escritos espiritistas de Madero,[4] podemos ver la incidencia que éstos tuvieron en su vida íntima, en su vida pública y, sobre todo, en su quehacer político. Esta práctica, que él mismo ocultó durante sus tres años en la Presidencia, y que provocó el morbo y la mofa de la prensa, fue su fuente de inspiración y de liderazgo, la condición gracias a la cual pudo hacer que cayera la dictadura de Porfirio Díaz.

Como dice la investigadora Yolia Tortolero, en su libro *El espiritismo seduce a Madero*:

Francisco I. Madero fortaleció su liderazgo político con argumentos espiritistas. Conscientemente dijo ser capaz de ayudar a otros espíritus menos adelantados a purificarse y perfeccionarse, pero para lograrlo, juntos tenían que luchar por un cambio democrático que sería benéfico para la patria. Esta demanda de orden moral, en parte le permitió ganarse el apoyo de más ciudadanos que se adhirieron a su lucha política. Por otro lado, al sentirse depositario de cierta superioridad espiritual, Madero asumió un hondo sentido de responsabilidad ética que le llevó a justificar por qué él iba a tomar las riendas de un movimiento antirreeleccionista y revolucionario en el país, pero también le hizo sentir capaz de encauzar los defectos, las pasiones, los vicios, la ignorancia del pueblo, de las masas, del obrero, de los pobres.[5]

Las decisiones y las acciones más importantes de la corta vida de Madero, primero como hacendado, luego como candidato y más tarde como presidente de la República, estuvieron precedidas siempre por alguna comunicación espiritista. Así sucedió cuando dejó de beber alcohol y de fumar, cuando se hizo vegetariano y, más tarde, cuando estaba en la cúspide de su carrera como empresario, cuando estableció una cocina popular donde le daba de comer gratis a los habitantes más necesitados de San Pedro de las Colonias. Lo mismo ocurrió cuando tomó la decisión de participar políticamente, primero en las elecciones de Coahuila en 1906, con la creación del Partido Demócrata, y luego en las presidenciales de 1909.

Manuel Márquez Sterling, embajador de Cuba en México durante el gobierno de Madero, quien intercedió ante su gobierno para dar asilo al Presidente y salvarlo de la asonada de 1913, describe la influencia del espiritismo en la vida íntima y política de Madero.

> Imaginativo y sentimental, Madero pierde poco a poco el carácter de hombre de negocios y no goza, entre su propia familia, ni entre sus amigos, fama de práctico, si bien todos reconocen su claro talento, algo desviado por lecturas que no eran precisamente de números, iniciado ya en su definitiva orientación filosófica. Los afanes de la industria y los prodigios de la agricultura no llenaban su alma; ni el medio millón de pesos que ahorró satisfacían su ambición de más amplia esfera. Consideraba pasajeros y efímeros los bienes terrenales; íbase su pensamiento a los cielos en busca de grandes verdades que alimentaran su fervor, y volvió su alma toda a la doliente humanidad con el vivo deseo de servirla y empujarla hacia sus designios, en el espacio insondable […].
>
> Madero ha recabado el derecho de erguirse ante su pueblo, de predicar la buenaventura y de resolver todos sus problemas; tiene en los fenómenos telepáticos, en la fascinación de su Dios inmenso, en el ideal de su prodigiosa marcha a través de los planetas, el motor psíquico de sus proyectos; y se transforma; y ha de mirar siempre a su lado la imagen de la Providencia, en oficio

de tutela; profunda alegría invade su ser. Cauterizará las llagas de la nación y redimirá de sus pecados a millares de hombres que alcanzan relativa dicha en la Tierra al costo de horrible castigo en […] las altas regiones del espíritu.[6]

Las cartas de 1907, pero sobre todo las de 1908, muestran cómo los espíritus le señalaron a Madero, desde ultratumba, el camino que debía seguir y lo que tenía que hacer, especialmente cuando comenzó a escribir el libro *La sucesión presidencial en 1910.*

Las primeras recomendaciones lo llevaron a cambiar de hábitos y costumbres, lo obligaron a disciplinar su vida, y luego lo dispusieron a despertar su conciencia social y a realizar sus primeras acciones encaminadas al beneficio comunitario; al final, se trataba de recomendaciones claramente políticas. La misiva del 26 de julio de 1908, en la que los espíritus hacían referencia a lo que necesitaba para escribir el libro *La sucesión presidencial en 1910,* era clara:

Queridísimo hermano:

Tu reglamento, tu reglamento. Eso es lo que te hace falta, eso es lo que necesitas para encauzar de un modo metódico, sistemático y racional todos sus actos, todas sus ocupaciones, para emplear útilmente todo su tiempo.

Ya lo sabes: una gran carga pesa sobre tus hombros. Has aceptado una misión trascendental. Has abrazado una causa con tal efusión, que con ella están comprendidas todas tus aspiraciones, todos tus ideales, tu vida entera.

Siendo así, debes de comprender que cualquier pérdida de tiempo que pueda perjudicar a la causa es culpable, sobre todo si lo haces consciente del mal que causas.

Además este año va a ser la base de tu carrera política, puesto que el libro que vas a escribir va a ser el que dé la medida con que deben de apreciarte tus ciudadanos; va a ser el que te pinte de cuerpo entero, el que revele a la nación quién eres tú, cuales son tus ideales, tus aspiraciones, tus aptitudes y tus medios de combate.

Por este motivo debes apresurarte a terminar tu historia, a fin de que sin descanso te dediques a escribir tu libro, pues a medida de que lo vayas escribiendo irás recibiendo abundante inspiración que te dirija, a fin de que cause el mejor efecto posible.

Haz pues tu reglamento y dirige todos tus esfuerzos a llevarlo a la práctica.[7]

Firmada por José, esta carta continuaba haciéndole recomendaciones cotidianas, referentes a las horas en que debería dormir y trabajar, así como a los ejercicios de meditación y oración que tenía que llevar a cabo.

De acuerdo con estas cartas, el interés primario de Madero era difundir el espiritismo y escribir libros sobre el tema. Y así lo hizo. En 1900 organizó, junto con algunos amigos, el Centro de Estudios Psicológicos de San Pedro, Coahuila, donde además de invocar a los espíritus se realizaban experimentos eléctricos y fotográficos para comprobar la presencia de dichos espíritus durante las sesiones. En 1904, con el seudónimo *Arjuna*, Madero dio a conocer sus primeros escritos sobre espiritismo en la revista *La Cruz Astral,* publicación de estudios psicológicos y ciencias ocultas dirigida por Manuel Vargas Ayala, a quien Madero ayudó financieramente para que la mantuviera en Monterrey y en San Pedro de las Colonias.

Sin embargo, Madero caminaba por dos veredas a la vez. Por un lado difundía el espiritismo y mantenía intercambio epistolar con los seguidores de la doctrina de Allan Kardec, y por el otro cultivaba el trabajo político y las relaciones con los antirreeleccionistas. Ambos espacios, con el tiempo, le ayudarían a crear la red de apoyo nacional que necesitaba su candidatura presidencial.

Fue en esta época cuando organizó el Primer y el Segundo Congreso Nacional Espírita, en 1906 y 1908, respectivamente, al tiempo que estrechaba vínculos con diversos opositores a Porfirio Díaz, como Ricardo Flores Magón. En ambos caminos fueron los espíritus los que le dictaron qué hacer y hacia dónde inclinarse, los que le daban el diagnóstico de la patria y las estrategias para acabar con la dictadura de Díaz. Y fueron también quienes le dijeron cómo y qué escribir en *La sucesión presidencial en 1910*.

La carta del 15 de agosto de 1908 es un buen ejemplo:

Ya ves, querido hermano, ya ves como el S. [Porfirio Díaz] sigue su trabajo, lenta pero seguramente. No descansa ni un momento. Todas sus energías, todos sus desvelos están reconcentrados en un solo punto. Seguir "c.e.p." [con el poder].

Por eso debías de esperarte, puesto que por las deducciones lógicas que habías sacado encontrabas ese fin como ineludible.

Sin embargo ya está viejo, ya no tiene las mismas energías, ya siente todo vacilar a su alrededor, siente que se derrumba el edificio, puesto que el edificio es él. Ese derrumbe todos lo tienen y los trabajos emprendidos por los diversos h.p. [hombres de política] están encaminados a recoger su herencia. Por eso es urgente que todos ustedes se organicen a fin de que estén listos para recoger para la nación esa preciosa herencia y no dejen que sea repartida en manos de b. [bandidos]. Por supuesto que éste será su papel si no logran desde antes un triunfo brillante, el cual, aunque parezca imposible con los datos que todos pueden valorizar, no es ni siquiera muy difícil si emprenden la lucha con valor y serenidad, pues existen muchos elementos con los cuales nadie cuenta y que tú puedes colocar entre los imprevistos, aunque no lo sean tanto para ti, pues ya te hemos hablado de ellos.

De todos modos, su obra será coronada con éxito; habrán cumplido con su deber, y la satisfacción que esto les proporcione será inmensa.

Hermano querido, necesitas no desvelarte nunca a fin de que en las mañanas amanezcas fresco, bien dispuesto para todo; sobre todo cuando quieras hacer trabajos de automagnetización.

Adiós. Que Dios te bendiga.

José.[8]

Antes que cualquier ser viviente, los espíritus se convirtieron en los principales consejeros, asesores y colaboradores de Madero en su tarea revolucionaria. Esto se confirma con la misiva del 16 de noviembre de 1908, quizá la carta más clara y polémica de las que se conocen, firmada por un nuevo espíritu, B. J., que, según algunos autores, como José Natividad Rosales, se trata del espíritu de Benito Juárez.

Queridísimo hermano:

Hace tiempo le ofrecí que al estar usted en buenas condiciones vendría a hablar con usted.

Ahora está usted en las condiciones deseadas, y puesto que sus ocupaciones le han dejado un pequeño momento libre, lo apresuro para hablar con usted, cosa que hacía tiempo deseaba.

Principiaré por felicitarlo muy cordialmente por los triunfos que ha obtenido sobre usted, los cuales lo ponen en condiciones de emprender con éxito la obra colosal de restablecer la libertad en México.

Ardua es esa empresa, pero usted está a la altura de la situación para llevarla felizmente a la cima.

El triunfo de usted va a ser brillantísimo y de consecuencias incalculables para nuestro querido México. Su libro va a hacer furor por toda la república: como una corriente eléctrica va a impresionar fuerte y profundamente, a todos los sacará del letargo donde están sumidos.

La obra consecutiva será de importancia suma, pero la verdad es que todo descansa sobre la poderosa impresión que va a causar el libro.

Ya hemos dicho que el general Díaz le va a causar una impresión tremenda, le va a infundir verdadero pánico, y su pánico paralizará o desviará todos sus esfuerzos.

Usted ha de comprender que si trajo esa misión es porque habíamos acordado desde antes que usted viniera al mundo con los medios necesarios para que la llevara a cabo con éxito.

Para ese objeto, hace tiempo que estábamos trabajando y preparando todo, y ahora ya está, los espíritus preparados, ya no más falta la poderosa corriente eléctrica que producirá su libro para entrar en actividad. Para que obtenga un resultado completo, expongo todo su plan, inclusive la parte que ha de tener Coahuila en la fragua a fin de que levante el entusiasmo de los coahuilenses y prepare a la república, a fin de que cuando ustedes la inviten formalmente por medio de una proclama, ya estén organizados muchos clubs y los espíritus bien preparados.

Yo creo a usted no le conviene otra práctica que el ataque de frente leal y vigoroso. Con esa fuerza irresistible de la sinceridad atraerá usted a su derredor todos los elementos sanos del país.

Ya sabe usted que, así como para el odio hay que oponer el amor, asimismo para la mentira hay que oponer la verdad, y para la hipocresía la sinceridad, la franqueza.

Usted tiene que combatir un hombre astuto, falso, hipócrita. Pues ya sabe usted cuáles son las antítesis que debe proponerle; contra astucia, lealtad; contra falsedad, sinceridad; contra hipocresía, franqueza.

Con estas fuerzas paralizará por completo las del enemigo; no sólo son poderosas y pueden actuar en un medio semejante a ellas, en un medio en que encuentran afinidad.

Tenga usted una fe inquebrantable en la justicia de su causa, en la seguridad de que cumple con el deber sagrado, y serán tan poderosas las fuerzas que se aglomeran a su derredor, que mucho le facilitarán su empresa y le permitirán prestar a su propia patria inmensos servicios.

Con gusto volveré a hablar con usted cuando me llame, pues formo parte del grupo de espíritus que lo rodean, lo ayudan, lo guían para llevar a feliz coronamiento la obra que ha emprendido.

Que nuestro Padre Celestial derrame sobre su cabeza sus tesoros de amor y de Bondad.

"B. J."[9]

Madero siguió al pie de la letra las recomendaciones del espíritu B. J., y en enero de 1909 publicó *La sucesión presidencial en 1910*. A partir de entonces se concentró en la actividad política y creó el Partido Nacional Antirreeleccionista mediante el cual se postuló a la Presidencia de la República. En junio fue apresado, acusado de organizar una rebelión, y encarcelado en San Luis Potosí. Su familia logró sacarlo y huyó a San Antonio, Texas, adonde le llegaron las noticias del fraude cometido por Porfirio Díaz, quien se había reelegido por enésima vez. Entonces lanzó su famoso Plan de San Luis, en el que convocó al pueblo mexicano a sublevarse el 20 de noviembre de 1910.

Como sabemos, en mayo de 1911 se firmaron los Tratados de Juárez, y Porfirio Díaz renunció. Madero volvió a ser candidato, aunque por el Partido Constitucional Progresista. El 6 de noviembre de 1911 se sentó en la silla presidencial y, durante los dos años que desempeñó el cargo de presidente, tomó un sinnúmero de decisiones en las que se reflejó la influencia del espiritismo.

Yolia Tortolero precisa esta influencia.

En su vida pública Madero procuró no expresar abiertamente sus aspiraciones espiritistas. Éstas tomaron forma de una creencia personal, que él interiorizó y puso en práctica cuando las circunstancias lo permitieron. Madero fue muy cuidadoso en exteriorizar su creencia y cuando lo hizo, la ocultó detrás de su abierta simpatía por el liberalismo, la democracia o el libre pensamiento. No obstante, en ocasiones se guió más por su idealismo espiritista que por su pragmatismo político; sin embargo, no por eso dejó de ser un hábil estratega en momentos clave de su actuar público; su proyecto democrático fue acorde con la situación imperante del país; supo manejar una transición política por vía de la democracia; llegó al poder gracias a la fuerza de su liderazgo y a los viajes de propaganda que realizó en todo el territorio y, como ningún otro político de su tiempo, se apoyó en los medios de información para propagar masivamente sus ideas democráticas, antirreeleccionistas y revolucionarias.

Por influencia del espiritismo, Madero desarrolló un proyecto social enfocado a alcanzar el bienestar para la población más necesitada. Si bien desde que fungió como empresario en Coahuila realizó una ardua labor en pro de los peones de su región, al fundar un comedor público que los alimentaba, la inquietud que tuvo por ayudar a la gente pobre la mantuvo toda su vida, e incluso fue la base de los cambios que pensó realizar en la sociedad mexicana una vez que alcanzara el poder. Por eso trató de fundar escuelas rurales o para obreros, e intentó abatir el alcoholismo para que este vicio no perturbara las aspiraciones nobles del espíritu de los hombres. Unido a esto, destacó su permanente intento por educar a las masas y tuvo en mente que una instrucción ideal, es decir, educación, era aquella en la que se enseñaran los principios del espiritismo. Pero todas estas pretensiones produjeron pocos frutos durante su presidencia y terminaron por convertirse en la imagen del gobierno ideal que soñó pero no consolidó.[10]

Durante la presidencia Madero trató de ocultar su adhesión al espiritismo, pero su fe era tan grande que en 1911 decidió publicar, con el seudónimo de *Bhima* —personaje del libro sagrado *Bhagavad Gita*—, su libro *Manual espírita*, en el que habla de la historia del espiritismo, los fenómenos en los que se funda, así como sobre sus contenidos filosóficos.

Aunque hay investigadores, como Yolia Tortolero, que critican el hecho de que se vea con morbo la influencia que los espíritus tuvieron en la acción política y el gobierno de Madero, muchas de las recomendaciones que le hicieron Raúl, José y B. J. durante las sesiones realizadas entre 1900 y 1908 fueron fundamentales para la gesta revolucionaria. La gente sabía de la fe espiritista de Madero, de sus sesiones mediúmnicas, de sus dones de curación a través de las manos, así como de su vida casi monástica. No es casual que en plena campaña presidencial la gente gritara: "Viva el inmaculado. Viva el incorruptible. Viva el redentor".[11] Como tampoco es casual que se le llamara el Apóstol de la Democracia; recordemos el mandamiento que escribió en su primera sesión: "Ama a Dios sobre todas las cosas, y a tu prójimo como a ti mismo".

El espiritismo, creencia y práctica que mantuvo en secreto, trascendió al llegar Madero al gobierno e intentar aplicarlo sigilosamente en las aulas, bancos e instituciones.

Señala la investigadora Tortolero:

> Madero contempló la necesidad de difundir el espiritismo para así modificar la educación de las masas, procurar el bien o fomentar los principios morales. El problema que tuvo al querer poner en práctica estas pretensiones fue que todo su primer año de mandato lo dedicó a pacificar el país y sólo hasta los últimos tres meses que gobernó se concentró un poco más en la propaganda del espiritismo. Al principio trató de filtrar su creencia

con bastante discreción, basándose en las estrategias que él y otros espiritistas tenían por costumbre aplicar por debajo del agua. Sin embargo, desde que apoyó a la conferencista Belén de Sárraga, fueron cada vez más obvias las maniobras que llevó a cabo para imponer el espiritismo en diferentes sectores de la sociedad.

Para Madero el Estado debía realizar una labor social en el campo educativo. De esta suerte, elevó considerablemente el presupuesto en este rubro y encauzó algunos de sus proyectos a la fundación de escuelas para obreros. Durante su gobierno se inauguraron en el Distrito Federal diversas escuelas rurales e industriales [...].

Las aspiraciones espiritistas de Madero lo impulsaron a fortalecer la educación en el país. Como antecedentes tomó en cuenta las actividades de propaganda que llevaron a cabo, desde 1906, la Junta Permanente del Primer Congreso Espírita de México y la Sociedad Espírita Femenina. La primera llegó a crear escuelas nocturnas de obreros para transmitir esta doctrina y al integrarse la Sociedad Espírita Femenina, sus miembros predicaron el espiritismo en cárceles y hospitales para ofrecer conferencias e instrucción moral. Ya que estas actividades se asemejaban a las labores de beneficencia, durante la presidencia de Madero se fundaron comedores públicos para estudiantes, en recuerdo a los que financió a principios del siglo en Coahuila, para dar alimento a la gente pobre y contribuir así a "elevar el espíritu" de sus semejantes. Asimismo, durante su administración se fundaron nuevos planteles escolares, cuyo objetivo era educar con base en los principios del espiritismo. Uno de ellos fue la Escuela Nocturna Laica para Obreros Nicolás González, que comenzó sus labores en julio de 1912 y fue su director el que esperó "llegar a hacer de nuestra escuela, un lugar donde se prodigue, con las enseñanzas para la lucha por la vida, la moralidad y la firmeza del espíritu que constituyen la verdadera y sana alegría de vivir".

Uno de los intereses de Madero por fundar escuelas para obreros fue inculcarles los principios morales del espiritismo, entre otros objetivos, para abatir el alcoholismo. El obrero debía perfeccionar su espíritu, evitando caer en vicios como el "uso del alcohol" que "paraliza los impulsos nobles del alma, ofusca la inteligencia y hace irritable el carácter". Esto se lograría si se dictaban o aplicaban leyes que sancionaran este tipo de excesos; por eso, tal vez su entonces colaborador Plutarco Elías Calles, que también llegó a ser espiritista, secundó a Madero para imponer la ley seca durante las fiestas patrias cuando estuvo al cargo de la policía en Agua Prieta. Por las mismas razones, Abraham González, gobernador de Chihuahua en esa época, "preocupado por fortalecer la fibra moral de su pueblo", lanzó una campaña contra las cantinas y el san lunes. La creación de escuelas o instituciones para el beneficio del obrero y su familia podía contribuir a que ellos disminuyeran el deseo del alcohol [...].

Al final de su gobierno Madero no llegó a desarrollar un programa bien estructurado para que los obreros se olvidaran de sus vicios y la gente se educara en el espiritismo, y fueron muy pocas las medidas que alcanzó a tomar en este sentido. Sin embargo, estas aspiraciones son muestra de su deseo por construir un país mejor, formado por hombres íntegros que gozaran de suficientes atributos morales.[12]

Hay otro episodio en el que se ven aún con mayor claridad las intenciones de Madero por llevar a las políticas públicas sus creencias espíritas. El 30 de noviembre de 1912, en sus oficinas de Chapultepec, el entonces presidente recibió a un grupo de miembros de la Junta Permanente del Segundo Congreso Espírita y, aunque algunos de ellos explicaron en su revista *Helios* que sólo fue una visita de cortesía, al parecer acordaron transmitir el espiritismo de manera encubierta. Según la maestra Tortolero, un mes después de la reunión, comenzó a circular en diversas escuelas oficiales, ministerios, oficinas de gobierno, bancos, cárceles y establecimientos de beneficencia pública un libro espiritista: *El ser subconsciente. Ensayo de síntesis explicativa de los fenómenos obscuros de psicología normal y anormal*, del doctor francés Gustavo Geley.

La forma de distribución del libro coincidía con la que Madero había utilizado cuando repartió los 800 ejemplares de su libro *La sucesión presidencial en 1910* entre periodistas, intelectuales y políticos, antes de que el gobierno de Porfirio Díaz se enterara de su existencia. La investigadora señala que cabe la posibilidad de que Madero quisiera ir más allá de lo que su posición le permitía y buscara diseminar las ideas espíritas con la intención de difundir una creencia anticlerical, antes que incrementar el número de creyentes en los espíritus.

Madero demostró con hechos, hasta el último día de su existencia, que ésta fue marcada por la influencia del espiritismo y de sus prácticas mediúmnicas, tanto en el ámbito de su vida privada como en el de su vida pública. De hecho, es así como se puede entender su decisión por el martirio al ser traicionado por el general Huerta y fue asesinado el 13 de febrero de 1913; como si se siguiera un guión escrito de antemano; como si así lo hubiera dispuesto alguna de las cartas premonitorias dictadas por José, quizá la del día en que Madero cumplió 35 años, cuando le dijo que él sería *el Elegido* "para cumplir una gran misión en la tierra."[13]

FELIPE ÁNGELES, EL SOCIALISTA MÍSTICO

El general Felipe Ángeles decía que era un indio, pero de esos indios tristes; decía que él andaba por la vida con una mirada lánguida, lacónica, nostálgica. Era, asegura Adolfo Gilly, "una extraña figura" de la Revolución mexicana.

Sus biógrafos sostienen que fue un niño solitario y tímido que acabó por convertirse en un hombre de imagen taciturna, mística en varios momentos. Ésta es la estampa que Ángeles arrastró durante su vida, la que de alguna manera llamó la atención de Francisco I. Madero, al grado de ser el único militar a quien le reveló sus prácticas referentes al espiritismo y el único revolucionario a quien le regaló los libros necesarios para entrar en contacto con los seres de ultratumba.

Socialista y marxista declarado, al general Felipe Ángeles, como a Madero, le disgustaban las muertes violentas producidas por la Revolución. No fueron pocas las veces que sostuvo agrias discusiones con Francisco Villa, cuando peleando al lado de éste se negaba a fusilar a sus enemigos, pues los consideraba "hermanos equivocados".

La inclinación de Ángeles por el socialismo nunca opacó el espíritu compasivo que sentía por sus semejantes, así como tampoco su empatía con los desposeídos. De hecho, fue tan consecuente con sus principios que, durante la época de su exilio en Nueva York, vivió en las calles, entre vagos, pobres y vagabundos.

Rosa King, propietaria del hotel Bella Vista de Cuernavaca, al que llegaron muchos de los principales personajes de la Revolución, recuerda a Ángeles de la siguiente manera:

El general Ángeles era delgado y de buena estatura, más que moreno, con la palidez que distingue al mejor tipo de mexicano, de rasgos delicados y con los ojos más nobles que haya visto en un hombre. Se describía a sí mismo, medio en broma, como un indio, pero sin duda tenía el aspecto que los mexicanos llaman de indio triste. Otros grandes atractivos se encontraban en el encanto de su voz y sus modales.

Desde que me lo presentaron percibí en él un par de cualidades que había echado de menos en sus antecesores, las de la compasión y la voluntad de entender. Me agradó, incluso antes de escuchar entre sus jóvenes oficiales que no toleraba crueldad ni injusticia alguna de sus soldados [...].

Un día en que el general Ángeles y yo hablábamos del sufrimiento de los pobres indios contra quienes se hallaba en campaña, me dijo con un gesto de acentuado desaliento: "Señora King, soy un general, pero también soy un indio". Era en efecto un indio, y lo parecía: un hombre distinguido en su tipo, educado en Francia.[14]

Educado en Francia, donde aprendió el arte de la guerra gracias a una beca que le había concedido Porfirio Díaz tras ver las altas calificaciones que había obtenido en el Colegio Militar, así como por los servicios que su padre, el coronel Felipe Ángeles, había prestado durante las invasiones francesa y estadounidense, el general era un hombre culto al que siempre se le vio con un libro en las manos. Nacido en Azuiltápan, Hidalgo, en 1868, Ángeles hablaba francés e inglés. Sus conocimientos y su perspectiva humanista ante la guerra lo distinguieron y diferenciaron del resto de los altos mandos del Ejército Federal, quienes, como Victoriano Huerta y Álvaro Obregón, lo llamaban despectivamente "Napoleoncito de pacotilla".

Ángeles no era un espiritista como Madero, aunque es casi seguro que conoció esta doctrina cuando estudiaba artillería en Francia; él era más bien un hombre de fe, de una profunda espiritualidad. Quizá por esto Madero lo distinguió entre sus hombres como el único con quien podía compartir la creencia casi religiosa del espiritismo, así como la de una democracia impregnada con un alto espíritu moral, amor a los pobres y a los humildes.

La relación era de ida y vuelta, así que la figura de Madero también influyó en Felipe Ángeles de una manera determinante. Sobre todo cuando, junto a José María Pino Suárez, pasó tres días preso en un cuarto de Palacio Nacional, por órdenes de Victoriano Huerta. Durante estos tres días, ambos personajes establecieron una relación aún más estrecha. Cuando se llevaron a Madero y a Pino Suárez para ejecutarlos, Ángeles estaba dispuesto a correr la misma suerte; sin embargo, la simpatía que despertaba en el Ejército le salvó la vida. Fue enviado nuevamente a Francia, desde donde regresaría en secreto para reincorporarse al movimiento posrevolucionario.

A partir de este episodio, el general Felipe Ángeles se convirtió en el principal difusor del pensamiento y las tesis de Madero que, como hemos visto, estuvieron empapadas de espiritismo. Fue así como un hombre para quien las herramientas más importantes eran el socialismo y el humanismo, para quien los valores eran un alto sentido de la moralidad y de la fe, se acercó lentamente hacia el espiritismo.

La fuerza de la fe que profesaba Ángeles se puede ver en la carta que envió a Emilio Sarabia el 28 de octubre de 1917. En ésta, el general reconoce la dificultad para enfrentar a los grupos que desde dentro del Ejército se quieren apropiar de la Revolución.

Las cosas fundamentales que están elaborando el porvenir, existen desde hace tiempo y las cosas van sucediendo fatalmente. Pero para ver claro se necesita fe y firmeza, y enfrentarse al porvenir con bravura.

[...] Si se ha perdido uno la fe, se ha hecho desgraciado. Más vale morir corriendo tras una ilusión, que vivir desesperanzado. Si nos ha tocado la dicha o la desgracia de vivir una época de prueba en que se juega el porvenir de la patria, abriguemos la esperanza de que nuestros hijos tengan el orgullo de decir: cumplió con su deber. No sólo está a discusión la suerte de la patria, sino también nuestra reputación.[15]

Como Madero, Ángeles previó el futuro del país a través de un misticismo muy cercano a lo religioso. Como hemos dicho, Madero compartió con Felipe Ángeles su visión del mundo, el sentido moral y ético que le dictaban los espíritus y sus libros espíritas y de trascendencia del alma. Ángeles incluso leyó el *Manual espiritista*, de donde Madero sacaba sus principales directrices filosóficas.

"Según la señora Carmen Álvarez de la Rosa Krause, Madero le regaló a Ángeles sus libros sobre espiritismo", revela Odile Guilpain en su libro *Felipe Ángeles y los destinos de la Revolución mexicana*, la investigación más amplia que hay sobre este personaje, que murió fusilado en Chihuahua en 1919, tras un juicio militar amañado y ordenado por Venustiano Carranza.[16]

Entre otros aspectos, la influencia del espiritismo maderista en el general Ángeles se puede observar con claridad en su humanismo, sobre todo en la idea de evitar los derramamientos de sangre durante las batallas. También en su defensa de los vencidos, a quienes siempre buscó perdonar. Aunque no hay testimonios que aseguren que al general Ángeles le hablaran los espíritus, como sucedía con Madero, al parecer fue el propio espíritu del apóstol de la democracia el que le hablaba al general cuando, en las batallas, veía los miles de muertos y se arrepentía de la "inútil violencia de la guerra".

Las creencias y los pensamientos de influencia maderista se pueden observar en la concepción de Ángeles de la ética y la moral, aplicadas en la relación que sostuvo con Villa. Al respecto, la investigadora Odile Guilpain señala:

Partiendo de una ética militar, ligada a la fe en la misión social del ejército, pasando por una reflexión en torno a la democracia de corte "maderista", impregnada de un sentido moral expresado en el amor a los "pobres", a los "humildes", a los "desheredados", y por la averiguación de la justicia de su causa a Morelos, Ángeles llega a convencerse con Villa de que la acción política debe inspirarse en la reflexión ética.[17]

En el trabajo realizado por esta investigadora francesa, que retoma el del general Federico Cervantes, principal biógrafo del general Ángeles, se refleja la enorme influencia espírita de Madero:

> Francisco Villa constituye a sus ojos una demostración viviente de que no porque el pueblo empuña las armas en defensa de una causa justa, los medios que utiliza para lograr sus fines son forzosamente justos. Además, está siempre a merced de las ambiciones de algún déspota pronto a descartar de las decisiones el brazo armado de que se ha valido para afirmar su poder. La cuestión moral está en la base de este planteamiento porque, si bien el pueblo no se equivoca nunca cuando se trata de reconocer el principio de moralidad que guía a uno de sus gobernantes —como es el caso de Madero—, sufre "todas las afrentas" a la hora de que, "por falta de moralidad", algún déspota atropella sus derechos.
>
> Ángeles llega, así, a la conclusión de que es necesario emancipar el alma a través de una evolución garantizada y propiciada por unas instituciones democráticas justas.[18]

Se trata de "la emancipación del alma...", un pensamiento muy al estilo espiritista de Madero.

Hay otros ejemplos de la influencia del espiritismo maderista en Ángeles. Uno de ellos se anota a continuación:

> La antigua inquietud de Ángeles en torno a la educación cobra vigencia renovada en esta etapa del desarrollo de su pensamiento. Si la falta de moralidad, de educación y de instrucción están

en el origen de todos los abusos, de todas las injusticias y de todos los servilismos, es una educación apegada a la formación moral, al ejercicio de la libertad y desprovista de todo prejuicio la que va a permitir echar las bases de la democracia evolucionista, creando un hombre ideal, una fe y "una religión: el amor a la humanidad".[19]

En esta última parte se hace evidente la huella maderista. Sólo habría que recordar el primer mensaje que Madero recibió de los espíritus: "Ama a Dios sobre todas las cosas, y a tu prójimo como a ti mismo".

Al final de su vida, el general Felipe Ángeles siguió los mismos pasos que Madero. Como dice Ignacio Solares en la novela *La noche de Ángeles,*[20] el general sufría "males del alma" que lo obligaron a refugiarse en una soledad casi claustral. Durante su exilio en Estados Unidos, cuando, como dijimos, vivió entre vagabundos para conocer en carne propia sus sufrimientos, siempre recordó "muy vivos, los ojos luminosos del presidente Madero".[21]

El 11 de diciembre de 1918 Ángeles regresó a México. Estaba enfermo, cansado y sufría graves problemas para dormir. La tristeza de su mirada se había acentuado y reflejaba su convencimiento de morir luchando por la Revolución maderista.

El general Ángeles se unió entonces a las disminuidas tropas de Villa, quien aún trataba de formar un Ejército Reconstructor Nacional. Todo fue en vano, Carranza y Obregón habían ganado, y el 11 de noviembre Ángeles fue detenido, traicionado por Félix Salas; el general se había quedado solo. Aguardaba el fin en una casucha ubicada en el Valle de los Olivos. El sino de la fatalidad del cristianismo. Durante los días previos a su juicio, en el teatro Hidalgo, en la ciudad de Chihuahua, Ángeles vivió un calvario. La sentencia de Carranza había sido dictada.

Un día antes del juicio, Ángeles le dijo al general Federico Cervantes: "Sé que me van a matar, pero también sé que mi muerte hará más por la causa democrática que todas las gestiones que hice en mi vida, porque sólo la sangre de los mártires fecundiza las grandes causas."[22] Éstas son, palabras más palabras menos, casi las mismas frases que Madero pronunció al final de su vida.

La madrugada del 26 de diciembre de 1919, poco antes de salir de la cárcel rumbo al patíbulo, Ángeles escribió: "Mi espíritu se encuentra en sí mismo". Después caminó tranquilo hacia el pelotón y, de frente a los fusiles, recibió la descarga al estómago y horas después falleció.

Ángeles compartió el camino de Madero: el martirio.

CALLES, EL GENERAL ESPIRITISTA

Terminados los violentos ajustes revolucionarios, el general Plutarco Elías Calles se convirtió en el hombre que habría de aplacar los ánimos belicosos de los grupos que habían luchado para derrocar a Porfirio Díaz y que también exigían una parte del poder. Supo erigirse en el político capaz de darle forma a la mayor parte de las instituciones políticas, sindicales y partidarias que, por más de 70 años, gobernarían el país. Es decir, se encumbró como el Jefe Máximo de la Revolución.

Sin embargo, al aplicar a rajatabla las nuevas normas constitucionales contra la Iglesia, creó un nuevo frente de batalla y abrió la puerta a la llamada "guerra cristera", que duró tres largos años y dejó miles de muertes.

Detrás de la faceta de hombre duro e inflexible, Calles escondía una personalidad contradictoria, negación de su propio mito: la del creyente en espíritus, la del "médium escribiente" que, al igual que Francisco I. Madero, durante muchos años participó en sesiones espiritistas con otros hombres de gobierno, presenciando las apariciones de seres de ultratumba. Durante mucho tiempo se quiso negar esto; sin embargo, el 8 de febrero de 1928, cuando Calles acudió al Niño Fidencio para que le curara un serio padecimiento que tenía en la piel, supuestamente lepra, la "espiritualidad" del Presidente salió a la luz.

Aquel día el general hizo que el tren presidencial parara en un polvoriento pueblo conocido como El Espinazo, Nuevo León, donde estaba Fidencio Constantino Síntora, quien sanaba a los pobres de la región de manera milagrosa. Cansado de su padecimiento, el general Calles entró en el caserío pobre y se rindió ante el hombre nacido en Guanajuato, que en aquel inhóspito paraje se convirtió en el Niño Fidencio; lo llamaban así por su cara, por su voz infantil y porque, según versiones de sus seguidores, fue virgen hasta su muerte, a los 40 años.

La historia oficial no guarda registros de esta visita, pero los libros redactados por los seguidores del Niño Fidencio citan el pasaje de la sesión presidencial:

En una entrevista realizada por un reconocido periódico al Sr. Enrique López de la Fuente éste declaró: Que el Presidente pidió a Fidencio que lo curara, no fue revelado su padecimiento, solamente Fidencio supo qué le pasaba. Agregando que el Sr. Presidente fue cubierto de miel con otras recetas del propio Niño sobre su cuerpo desnudo y solamente cubierto con una cobija. Que el Niño Fidencio trató al Presidente con las mismas atenciones que daba a los demás enfermos. El Presidente permaneció en un cuarto alrededor de 6 horas y preocupado el Sr. Enrique de que ya había pasado mucho tiempo decidió ir en busca de Fidencio. Finalmente lo encontró haciendo otras curaciones y le preguntó a qué hora iba a ir a atender al Sr. Presidente y con tranquilidad le respondió "¡Ah! se me olvidó", regresando a donde el Presidente y terminó de esta manera la curación. En respuesta a la curación y atenciones que le prodigó Fidencio, el Gral. Calles, le envió por ferrocarril alimentos y medicamentos para cubrir en parte las necesidades de la población.[23]

Plutarco Elías Calles, al parecer, salió de la curación que le hizo el Niño Fidencio completamente aliviado de su mal epidérmico. En su correspondencia personal, resguardada por su familia, no aparece ninguna referencia a la enfermedad tras la visita mencionada. En los archivos del general, en poder del fideicomiso Plutarco Elías Calles y Fernando Torre Blanca, también hay indicios de esta visita. Se trata de dos cartas, fechadas el 25 de enero de 1929 y el 7 de abril de 1930, que el Niño Fidencio envió al general, solicitándole ayuda para que las autoridades de salubridad no cerraran su centro de sanación, pues lo acusaban de ejercer la medicina sin ser médico.[24] Aunque no se ha encontrado una respuesta del general, parece que éste sí protegió al Niño Fidencio, quien siguió ofreciendo sus curaciones hasta 1938, año en que murió.

Cuando dio inicio la década de 1930, la Guerra Cristera llevaba dos años desolando México. Los milicianos de la Iglesia, conocidos como "cristeros", habían tomado las armas en protesta contra las leyes constitucionales —que prohibían la participación del clero en política, los privaba de su derecho a poseer bienes raíces, desconocía sus derechos políticos e impedía el culto público allende los templos— y el número de muertos se contaba por miles, tanto entre los cristeros como entre los efectivos del Ejército mexicano. "Viva Cristo Rey" era la declaración de guerra que perseguía al general Calles por casi todo el país, un general que ante el público se presentaba como un enérgico anticlerical pero que en la intimidad era un hombre de profundo sentido espiritual y religioso, como lo demostró el último de sus días.

La ambivalencia de Calles era cotidiana; mientras en público se negaba a asistir a la boda religiosa de su hija Hortensia, en la intimidad asistía a la misa en la que era nombrado padrino de su nieto. Además, junto con su esposa, patrocinó activamente a diversas instituciones católicas de educación y de salud.[25]

Cuando terminó el periodo del Jefe Máximo, inició lo que habría de conocerse como el maximato (1928-1934), lapso en el que gobernaron Emilio Portes Gil, Pascual Ortiz Rubio y el general Abelardo L. Rodríguez, subordinados a la voluntad del general Calles. No fue sino hasta la llegada de Lázaro Cárdenas cuando terminó el poder práctico de Calles, quien salió exiliado de México hacia San Diego, California, de donde no regresó sino hasta 1941, cuando el gobierno de Manuel Ávila Camacho se lo permitió. A los pocos meses de su regreso, el 9 de julio de 1941,[26] el general Calles asistió a su primera sesión espiritista, invitado por un amigo cercano, el general José María Tapia, "con el propósito de exhibir el espiritismo como engaño y como un fraude".[27]

El resultado fue contrario al propósito de Tapia. En la minuta que se levantó, quedó constancia de que el Jefe Máximo de la Revolución entró en contacto directo con el espíritu de "el Maestro", como llamaban a Enrique del Castillo, un médico que había muerto en el siglo XIX y que fungía como guía del círculo de espiritismo al que ese día asistió el general.

Tras esta primera experiencia, Calles se volvió un asistente asiduo a las sesiones organizadas por Rafael Álvarez y Álvarez, ex senador por Michoacán, quien fundó en 1939 el Círculo de Investigaciones Metafísicas de México, que cinco años después se transformaría en el Instituto Mexicano de Investigaciones Síquicas, A.C. (IMIS). Las actas de este instituto, que registran las sesiones espiritistas de 1940 a 1952, son fundamentales para observar cómo la doctrina filosófica que tanta influencia ejerció en Francisco I. Madero también influyó en los hombres que gobernaron el país cuando la Revolución se institucionalizó.

En dichas actas, plasmadas en el libro *Protocolos del IMIS. Una ventana al mundo invisible*, quedó registrado todo lo que acontecía durante las sesiones: cómo se manifestaban los espíritus en pequeñas esferas luminosas que volaban por la habitación, cuáles eran los juguetes que se movían por la voluntad de los "niños", qué levitaciones sufría el médium y cuál fue la participación del Calles y de los demás hombres del gobierno, quienes sin reparo alguno estamparon sus firmas como testigos y participantes. Entre quienes participaban en estas sesiones (en distintas épocas) se encontraban el ex secretario de Salubridad, Abraham Ayala González; Ramón Beteta, ex secretario de Hacienda y ex embajador en Italia; Rodolfo Elías Calles, ex gobernador de Sonora e hijo de Plutarco; Antonio Espinoza de los Monteros, ex embajador de México en Estados Unidos; Xavier Icaza y Fernando de la Fuente, ex ministros de la Suprema Corte de Justicia de la Nación; César González, ex embajador de México en Venezuela y en Estados Unidos; Manuel Gual Vidal, ex secretario de Educación; Julio Jiménez Rueda, ex director de la Facultad de Filosofía y Letras de la UNAM; Abelardo Monges López, ex director del Hospital General de México, y Luis N. Morones, ex secretario de Industria, Comercio y Trabajo y líder histórico de la Confederación Regional Obrera Mexicana (CROM). También asistieron a las sesiones espiritistas el ex rector de la UNAM, Fernando Ocaranza; Carlos Novoa, ex director del Banco de México; Ezequiel Padilla, ex secretario de Relaciones Exteriores; Félix F. Palavicini, ex secretario de Educación; el poeta y diplomático José Juan Tablada; el ex gobernador del Territorio de Baja California Norte general José María Tapia; Gilberto Valenzuela, ex secretario de Gobernación, entre muchos otros hombres y mujeres de la clase gobernante mexicana de la primera mitad del siglo XX.

El IMIS no estaba considerado un espacio de charlatanería sino un centro de ciencia, cuyo propósito era combatir las doctrinas anticientíficas y los engaños relativos a las manifestaciones paranormales. Su primer presidente fue el ex rector de la UNAM, Fernando Ocaranza, y aunque las sesiones espiritistas comenzaron a realizarse en 1939, no fue sino hasta un año después cuando se redactaron los protocolos para las sesiones, los cuales eran firmados por todos los asistentes, que daban así veracidad a los hechos. Las sesiones organizadas por el IMIS se realizaban en varios lugares, aunque el más importante era una vieja casona de Tlalpan, la Quinta Santa Inés, donde el trabajo se llevaba a cabo en una pequeña habitación a la que incluso acudió el escritor italiano Gutierre Tibón, quien comprobó la existencia de los espíritus. Tibón describió el lugar de la siguiente manera:

El gabinete de parasicología es un pequeño templo *sui generis*. Tiene una sola puerta de acceso; sus dimensiones son éstas: 3.50 $\times$ 4.50 $\times$ 3 metros, la ventana está cubierta con una persiana de lámina ligera y una pesada cortina de tela. Contra una de las paredes, el sillón del médium: "Luisito" duerme apaciblemente en mangas de camisa, la cabeza apoyada en un pequeño cojín, los puños cerrados. Debajo del sillón, y en ambos lados, veo flores y haces de hierbas, puestas allí con el propósito de alejar las "entidades oscuras". Hay sillas para todos los miembros de la cadena; en el centro descubro una mesita de cuatro patas con hojas de papel blanco y un lápiz, para los eventuales mensajes escritos; un pequeño megáfono de cartón, para los mensajes hablados, y muchos juguetes, por si vienen "los niños". Cerca de la mesita, dos vasos de flores frescas; claveles y gladiolos. El cuarto está perfumado con un aroma intenso de gardenia; una cajita de música toca dos piezas de "El Trovador", de Verdi, que se alternan monótonamente durante toda la sesión. El director sólo interrumpe la música si se trata de escuchar los mensajes hablados de los fantasmas.

Se cierra la puerta con llave; formada la cadena, se apaga la luz y se espera en silencio que se manifiesten los fenómenos.[28]

Luis Martínez, "Luisito", "un hombre del pueblo", según palabras de Gutierre Tibón, era el médium principal durante las sesiones en las que aparecía "el Maestro", el doctor Enrique del Castillo o el "hermano Amajur", otro espíritu guía. Este último había sido encontrado por Rafael Álvarez y Álvarez, fundador del IMIS, a quien consideraban un ser extraordinario porque era uno de los pocos médiums capaces de materializar a los espíritus.

Comúnmente, las sesiones empezaban a las 9 de la noche y se llevaban a cabo cada semana o cada 15 días. En el acta del 9 de julio de 1941 aparece por primera vez Plutarco Elías Calles. El acta refiere una sesión en la que participaron 12 personas y en la que consta el contacto que el Jefe Máximo de la Revolución tuvo con seres de ultratumba.

Las primeras manifestaciones luminosas fueron poco intensas y fugaces, durante un buen rato. A continuación comenzó a formarse la figura del Maestro, hasta ser visible con toda claridad, se acercó al señor Gral. Calles y a solicitud del Sr. Álvarez le tocó la cabeza; manifestó el Gral. Calles haber sentido una caricia, de la frente hacia atrás de la cabeza; a solicitud del Sr. Álvarez, tomó el Maestro una jarra con agua, de una mesita colocada en el centro de la cadena, la que saturó en presencia de todos y vació en un vaso una parte de agua oyéndose con absoluta claridad el ruido del agua al caer en el vaso; tomó el vaso en su mano izquierda y saturándolo con la derecha, se acercó al Sr. Gral. Calles para darle de beber. El general tomó tres tragos de agua. Después dio de beber a la Sra. Carolina R. de Álvarez, al Gral. Álvarez y al Sr. Rafael Álvarez. Llenó nuevamente el vaso y luego que lo hubo saturado, e iluminándose con mayor intensidad, el Maestro bebió, percibiéndose claramente el sonido del agua al pasar por su garganta, como si fuera un ser humano, dándole el resto del agua a la Sra. Vda. De Corredor Latorre; el vaso ya vacío lo dejó en mano del Sr. Gral. Calles. Se retiró momentáneamente, y al presentarse de nuevo, el Sr. Álvarez le pidió tomara una flor y la iluminara con su luz, con el objeto de que fuera vista por los presentes. El Maestro tomó un ramo de floripondios de un pomo colocado en el lado contrario de la mesita en que se encontraba, y comenzó a repartir flores entre algunos de los circunstantes, colocando una de ellas en la bolsa de pecho del Sr. Gral. Calles. El propio general manifestó que la expresada flor le fue colocada con suma delicadeza. El Sr. Álvarez le pidió a continuación que, de acuerdo con el ofrecimiento que nos había hecho en anterior ocasión, produjera algún sonido con su garganta, lo que hizo después de haberse guardado absoluto silencio, y emitió un sonido gutural con bastante intensidad. Luego desapareció, en tanto el médium se ponía bastante excitado.[29]

A partir de aquella noche, como hemos dicho, el general Calles habría de participar, durante casi siete años, en muchas más sesiones, volviéndose, poco a poco, uno de los personajes que más contacto establecía con el espíritu de "el Maestro" y con otros espíritus chocarreros que jugaban con los participantes, uno de los cuales era conocido como Botitas.

En la privacidad de su casa, el general Calles era un "médium escribiente", tal como lo había sido Francisco I. Madero. Así consta en las cartas que redactó con su puño y letra, de las cuales queda constancia en su libreta de taquigrafía, que forma parte del archivo conservado por su familia en la vieja casona de la calle Guadalajara, en la colonia Condesa. En esta pequeña libreta, Plutarco Elías Calles dejó impreso el recuerdo de sus entradas en trance y el contenido de las cartas que le dictaba el espíritu de "el Maestro", quien, de manera anticipada, le dictaba el programa que deberían seguir durante las sesiones espiritistas.[30]

De acuerdo con las minutas de las sesiones del IMIS, la presencia del general Calles atrajo la de muchos otros personajes de la vida política nacional, sobre todo porque era a él a quien "el Maestro" se dirigía durante las sesiones. En una minuta de diciembre de 1943, por ejemplo, "el Maestro" le dijo a Calles cómo debía actuar tras su regreso del exilio e incluso le adelantó que tendría nuevas responsabilidades.

> Fue y seguirá siendo un patriota. Nunca ha estado tan preparado en todos los órdenes como ahora para comprender los problemas del país y de la humanidad. Día a día se acerca la hora en que nuestra pobre y desafortunada patria acuda a su experiencia y sabiduría. Nadie mejor que este hombre recio de carácter y perfeccionado por los años podrá ayudar a la patria sin egoísmos ni vanidades. Dile que su amigo, el Maestro Castillo, sigue creyendo que aún vendrá para él su última etapa de responsabilidades, que lo llenará de satisfacciones sus últimos actos en la vida pública, sus características de patriota y hombre sin vacilaciones y dobleces. Dejará ante la historia su vida política limpia de calumnias y vilezas...[31]

Calles había vuelto a México, acostumbrado a dirigir la vida del país, con el deseo de seguir influyendo en la toma de decisiones. La carta que dirige a su hija el 22 de marzo de 1942 refleja su malestar y sus ganas de mandar:

[...] te diré que esta vida metropolitana que estoy llevando es demasiado estéril y no puedo aún definir la actividad a que debo dedicarme por las condiciones imperantes, tanto de orden interno como las que ha creado la situación mundial. Si dirige uno sus miradas al campo, se encuentra con que a éste le faltan protección, garantías y estímulo; si a actividades de carácter industrial, se encuentra con el valladar de la indisciplina social y la carencia cada día más amenazante de materias primas; y llega uno a la conclusión de que hay que esperar días mejores, si es que éstos vendrán cuando haya en este país quien pueda poner la casa en orden.[32]

Era evidente que Calles guardaba rencor al general Lázaro Cárdenas, quien lo había expulsado del país. Curiosamente, muchos de los que se reunían en la casa de Tlalpan, algunas veces también en Cuernavaca, compartían la animadversión por las políticas económicas y agrarias cardenistas. Es aquí donde volvemos a ver cómo una creencia o una práctica *sui generis* como el espiritismo trasciende la vida privada del general Calles y aterriza en la vida pública.

Al respecto, Jürgen Buchneau, en su ensayo *Una ventana al más allá: los últimos días de Plutarco Elías Calles 1941-1945,* señala:

Como las conversaciones con los muertos reflejaban algo de los pensamientos más íntimos de Calles, las minutas de las sesiones ofrecen una mirada a sus reflexiones sobre una vida llena de acontecimientos, cuando ya se acercaba a su final. En alguna ocasión, estas reflexiones llegaron a través del médium guaymense Carlos E. Randall, uno de los enemigos de Calles durante la guerra entre las facciones revolucionarias. Después de haber expirado la gestión de Maytorena, Randall fungió como último gobernador convencionista de Sonora en el otoño de 1915, mientras Carranza ya había investido a Calles como gobernador constitucional. Randall murió en el exilio poco después de enfrentar la rebelión escobarista de 1929.

Al dirigirse el espíritu de Randall a Calles, lamentaba el hecho de que la política hubiera marcado su destino. "Me retiro, Plutarco —cita las minutas—, deseándote felicidades, aconsejándote que no vuelvas a recordar tu pasado político, no vale la pena preocuparte por un mundo como el nuestro lleno de cafres. Dedica tus últimos años a llevar una vida confortable, que ni tus hijos opaquen esta última etapa."[33]

Esto es lo que al final decide hacer el general Calles. Aunque no es un partidario fiel de la administración del general Manuel Ávila Camacho, le ofrece su apoyo cuando, en mayo de 1942, México declara la guerra a Alemania tras el hundimiento de dos barcos mercantes. Luego de asistir a una ceremonia de unidad nacional el 15 de septiembre de 1942, a la que va su enemigo acérrimo, el general Cárdenas, y los otros ex presidentes —Adolfo de la Huerta, Emilio Portes Gil, Pascual Ortiz Rubio y Abelardo L. Rodríguez—, Calles se muestra como un partidario de la alianza nacional.

El líder del maximato, el Jefe Máximo de la Revolución, el persecutor de la Iglesia, al final de sus días actúa siguiendo los consejos del espíritu de "el Maestro": llevar una vida tranquila en la Quinta Las Palmas, su finca de Cuernavaca, donde sembró árboles frutales y puso una tienda de abarrotes, pues otro de los dictados del espíritu era estar en contacto con la gente.

El último registro de la participación del general Calles en las sesiones espiritistas es del 8 de agosto de 1945, fecha en la que su nombre aparece por última vez como participante, aunque no como espíritu. Según las actas del IMIS, después de su muerte, acaecida el 19 de octubre de 1945, el general continuó participando en las sesiones pero en calidad de espíritu. Calles se convirtió en un ser de ultratumba, como escribe Gutierre Tibón en la presentación de *Una ventana al mundo invisible*:

> Volví a ver al general Calles en forma de fantasma, varios años después de su muerte, en las sesiones del Instituto Mexicano de Investigaciones Síquicas. Dos veces se iluminó bastante para que yo pudiera reconocer la inconfundible fisonomía del caudillo: amplia la frente, los ojos pequeños, las cejas hirsutas, el bigote menudo, el mentón voluntarioso. Me saludó con una palmada en la espalda. También reconocí su voz: tenía la misma aspereza. Antes de hablar tosía ligeramente, como acostumbraba hacerlo en vida.[34]

Fue en la sesión del 20 de mayo de 1947, realizada en la Quinta Santa Inés, a las 21:03 horas, en la que participaron 12 personas de la alta sociedad capitalina y algunos políticos como Gilberto Valenzuela, ex secretario de Gobernación durante el periodo callista, cuando apareció por primera vez el espíritu del Jefe Máximo de la Revolución.

> Después de un breve intervalo tuvimos la anunciada presencia, con gran luz, del Gral. Calles. Mostró su cuerpo y cara y saludó a sus amigos como él acostumbraba, con enérgicos y expresivos abrazos. No omitió en esta demostración de cariño al médium, quien al recibir el abrazo de la entidad, suspiró y *[sic]* inquietó ostensiblemente. La entidad tomó la bocina y fue hacia donde estaba el Gral. Tapia, al que hizo levantar de su asiento para decirle con voz muy clara y fuerte: "General Tapia, hay que seguir adelante, sin desmayar, en estas sagradas doctrinas a las que me acogí en mis últimos días. Siempre adelante, como buen soldado. ¿Me entienden? Buenas noches a todos mis amigos".

En el transcurso de sus palabras tosió varias veces en la forma peculiar que lo hacía en vida.[35]

Las sesiones en la que apareció el espíritu de Calles fueron varias. El general se presentaba agradeciendo primero el apoyo de sus amigos y ex colaboradores y asegurándoles después que los cuidaría desde el más allá. La última aparición que se registra corresponde a la sesión del 16 de diciembre de 1947, en la que Calles dijo que no permanecería mucho tiempo y que lo único que quería era saludar a sus amigos.

Después se convirtió en una pequeña voluta de luz y se esfumó. Su familia siguió asistiendo a las sesiones espiritistas de la vieja casona de Tlalpan hasta que, a mediados de la década de 1950, el IMIS cerró sus puertas tras no lograr el reconocimiento internacional como centro científico de estudios psíquicos y paranormales.

En las páginas de nuestra historia, el general sonorense es presentado como el Caudillo, como el hombre que dio forma institucional a la Revolución de 1910, como el persecutor de la Iglesia. Sin embargo, Calles fue también uno de los principales impulsores del espiritismo. Parafraseando al maestro Gutierre Tibón, el general Calles, el Caudillo, el Jefe Máximo de la Revolución, el promotor de la lucha entre el Estado y la Iglesia, que generó la famosa "Guerra Cristera" que duró tres largos años en los que se cerrarían múltiples iglesias, "dejaba de ser lobo y se volvía una mansa oveja de la grey cristiana", convirtiéndose, al final de su vida, en un seguidor ciego del espiritismo y, después de ella, en un espíritu bondadoso con sus amigos.

II. Los brujos de los priístas

Como vimos en el capítulo anterior, varios de los líderes de la Revolución mexicana acudieron de manera cotidiana a consultar a los espíritus, en busca de los consejos que les dijeran por dónde caminar durante la convulsionada etapa que les tocó vivir.

Una vez consolidada en el poder la clase gobernante, instituida primero en el Partido Nacional Revolucionario (PNR), luego en el Partido de la Revolución Mexicana (PRM) y finalmente en el Partido Revolucionario Institucional (PRI), quiso ejercer el poder no sólo con la ayuda de los espíritus sino mediante eso que al principio llamamos la otra expresión del poder: la brujería, la hechicería, la astrología y los chamanes.

Aunque parezca increíble, hay registros que demuestran que desde Miguel Alemán Valdés hasta Ernesto Zedillo, muchos de los presidentes priístas acudieron, o tuvieron como consejeros, a estos personajes, pensando que les ayudaban a gobernar con mayor control el país. Los presidentes a quienes les tocó enfrentar alguna crisis económica o social entre las décadas de 1970 y 1990, es decir, al terminarse el modelo económico conocido como el "desarrollo estabilizador" —cuando el país alcanzó los mayores índices de crecimiento económico— y empezó la "sustitución de importaciones", modelo dictado desde Washington, fueron quienes acudieron de manera más asidua a los brujos, urgidos por conocer el futuro.

Esto confirma lo que parecería una observación general: a lo largo de la historia nacional, es en los momentos en que se presentan las crisis políticas, sociales y económicas, cuando la clase gobernante busca el consejo de los brujos, videntes y hechiceros.

En este capítulo veremos cómo los presidentes, gobernadores y líderes sindicales más importantes del país han recurrido a los brujos de Catemaco, Veracruz, y cómo otros han buscado tanto a los de Cuba como a los de África, acercándose así al influjo de la santería y el vudú.

Si durante la Revolución y los años posteriores a ésta los generales buscaron en los espíritus las "señales" que les dijeran cómo gobernar, durante las últimas décadas del siglo XX, el fenómeno se repite y volvemos a ver, aunque ahora con los brujos, que los líderes tratan de encontrar las señales del más allá. Cuando el país vuelve a sufrir por la pobreza, la corrupción política y policial y el agotamiento del modelo económico, los políticos se repliegan hacia ultratumba.

LOS (PRI)MEROS BRUJOS

Miguel Alemán Valdés, el primer "cachorro de la Revolución", era un fiel creyente del espiritismo. Mientras se desempeñaba como secretario de Gobernación acudía a las sesiones organizadas por Rafael Álvarez y Álvarez, ex senador por Michoacán.

De acuerdo con las actas de las sesiones espiritistas del Instituto Mexicano de Investigaciones Síquicas (IMIS), cuando el político veracruzano era el responsable de la política interna, durante el sexenio de Manuel Ávila Camacho, coincidió en una de estas reuniones con el general Plutarco Elías Calles. El licenciado Alemán, que para entonces ya había sido diputado, senador y gobernador de Veracruz, formó parte de una cadena de 23 personas que participaron en la sesión del 20 de agosto de 1942, en la que también estuvo presente el rector de la Universidad Nacional Autónoma de México (UNAM), Fernando Ocaranza.

Como en todas las asambleas previas, el médium Luis Martínez empezó el acto a las 9 de la noche, momento desde el que comenzaron las manifestaciones sobrenaturales que duraron tres horas más. Los espíritus jugaron con la mascada de Miguel Alemán, quien tenía la responsabilidad de comprobar que no había trucos.

Esa noche, el secretario de Gobernación se sentó a la mesa presidida por el médium "Luisito" y tras esperar poco tiempo presenció la aparición de una luz blanquecina que fue aclarándose hasta volverse perfectamente visible y convertirse una forma "globosa" de contornos difusos. El doctor Fernando Ocaranza fue el responsable de redactar el acta de la sesión.

Después de un rato cuya duración no es fácil estimar, por permanecer todos con el espíritu alerta y en medio de la oscuridad, apareció una luz blanquecina de identidad escasa, la que poco a poco fue aclarar más y más, hasta hacerse perfectamente visible; tenía forma globosa con los contornos difusos. La impresión que dejaba por la persistencia de la impresión luminosa en la retina, era como la de un núcleo luminoso seguido de una cauda cuya extremidad se perdía insensiblemente; describía movimientos variables pero con tendencia a formar arcos de círculo. Aparecieron en seguida otras luces, dos de ellas moviéndose en conjunto, aparecieron cuatro a una parte de los que formaban la cadena, y seis a otros. Algunas luces tendían a crecer excéntricamente, y en tal caso su núcleo central se atenuaba hasta adquirir luminosidad uniforme. Algunas de dichas luces pasaban repetidas veces frente al médium; otras se acercaban a los formadores de la cadena, y en ese momento algunos de los presentes

69

avisaron que se les tocaba en distintas partes del cuerpo. En un momento, una caja de música que tocaba constantemente, pasó sobre la cabeza de algunos circunstantes, y momentos después la mascada que llevaba el Lic. Miguel Alemán en el bolsillo de su americana, fue extraída por una mano invisible y depositada en las manos del Lic. Ezequiel Padilla. Se oyó tocar la campana suspendida del techo, y ruidos diversos provocados por los diversos juguetes colocados en el suelo.

El fenómeno más interesante fue la aparición de una luminosidad intensa que daba la idea de un hombre cubierto con un manto o albornoz, pero sin que fuera posible definir las facciones de su cara, que aparecía como si estuviera en la sombra que le formaba la clámide. Esta luminosidad se detuvo delante de varias personas, y entre otras de los Sres. Gral. Calles, Dr. Ocaranza, Lic. Padilla y Lic. Alemán. Los fenómenos se fueron atenuando hasta desaparecer; se suspendió la sesión en vista de que el médium daba francas señales de fatiga. La sesión terminó a las cero horas veinticuatro minutos del día 21 de agosto.

Se hace constar que las puertas que dan acceso al salón fueron alambradas, después de cerradas, por los licenciados Padilla y Alemán, comprobando los mismos señores que al terminarse la sesión no habían sido tocados los alambres.

Ésta es la única constancia que existe de la participación de Miguel Alemán en las sesiones espiritistas del IMIS. Su trabajo como secretario de Gobernación le impedía participar en estos actos, condenados por la Iglesia. No obstante, el hijo predilecto de Soyula no se alejó de los brujos de su estado, Veracruz, instaurando la tradición de que todos los candidatos y presidentes de la República habrían de acudir a Catemaco para consultar sobre su futuro.

En 1946, Miguel Alemán ganó la presidencia de la República después de que falleciera su oponente principal, Maximino

Ávila Camacho —hermano del presidente en turno—. El veracruzano se encumbró así a la silla presidencial, rompiendo la cadena de generales que hasta entonces habían sido elegidos para la primera magistratura.

Con Miguel Alemán el país pretendió entrar en la modernidad: se construyó la Ciudad Universitaria, las escuelas Nacional de Maestros, Naval de Veracruz y de Aviación Militar de Zapopan. Las mujeres consiguieron el derecho al voto en elecciones municipales y Acapulco se convirtió en centro turístico mundial.

El desarrollo económico permitió el crecimiento de la clase media y de la clase alta, que dirigieron la mirada hacia Estados Unidos con el objetivo de, algún día, vivir como ellos. Fue la época en que se disparó el consumo de automóviles, lavadoras, planchas, estufas, ropa, herramientas; la época en que el whisky sustituyó al tequila, lo que parecía una señal inequívoca de nuestra entrada a la modernidad, que durante el gobierno de Alemán se respiraba por todas las ciudades.

Mientras tanto, Catemaco cobraba fama como ciudad de brujos, como centro predilecto de los hombres del poder, quienes anhelaban conocer el futuro. Los políticos más poderosos y ambiciosos iban hasta esa ciudad para hacerse de buena suerte, éxito, fortuna y para repeler a los enemigos.

Como buen veracruzano, el presidente Alemán conocía los antecedentes del lugar, así como los de San Andrés Tuxtla, donde muchos años antes se había desarrollado el uso de hierbas medicinales descubiertas sobre un terreno fértil y húmedo. La geografía boscosa tropical de la región de Los Tuxtlas obligó a los lugareños a desarrollar la herbolaria para fines curativos y, con el paso del tiempo, en torno a los curanderos se crearon diferentes mitos, al igual que había sucedido con Catemaco, donde se hablaba de la muerte del único mono blanco, un animal que habría transmitido su sabiduría

71

milenaria a un mago poderosísimo, o la historia del brujo Gonzalo Aguirre, cuyos poderes habrían dado a la ciudad la fama que ostentaba como centro de magia.

El padre Bonifacio Rivas Sosa, canciller de la diócesis de San Andrés Tuxtla, donde se venera a la Virgen del Carmen, que fue traída por los misioneros carmelitas desde Barcelona, dio su explicación de por qué se desarrollaron tanto las "limpias" y las artes de los curanderos.

> La gente que visita a la Virgen del Carmen acostumbra a frotar su cuerpo con flores de albahaca mientras reza para pedirle un favor. Esto se llama hacer una limpia. Hace muchos años, los misioneros franciscanos enseñaron a los indígenas que era necesario limpiar la casa cuando alguna persona importante llegara de visita. De igual forma, cuando uno recurría a la Virgen o a los santos, uno debía procurar ir limpio y presentable ante los ojos de Dios.

Por eso, explicó Rivas Sosa, la Iglesia católica permitió el uso de esta práctica e incluso dejó que, en su última visita a México, el papa Juan Pablo II recibiera una "limpia" con flores de albahaca.

El cruce de mitos, tradiciones y costumbres hizo que a partir de la década de 1970 Catemaco se convirtiera en la capital de los brujos, hechiceros y curanderos. Hasta ahí acudieron siempre los últimos presidentes del PRI: José López Portillo, junto con su hermana Margarita, eran asiduos clientes del brujo Chagala; Miguel de la Madrid; Carlos Salinas de Gortari y Ernesto Zedillo Ponce de León, todos tenían a su brujo de cabecera.

Tito Gueixpal Seba "el Poder del Tigre" y Gilberto Rodríguez Pereyda "el Diabólico", aseguran haber hecho "trabajos" de protección a los últimos tres presidentes del PRI y a Vicente Fox. Mientras que Francisco Juárez, quien ha servido como "recadero" de uno de los brujos mayores, sostiene que los principales políticos priístas veracruzanos, como el gobernador Fidel Herrera y los ex mandatarios Miguel Alemán Velasco, Patricio Chirinos y Dante Delgado, cuentan con un "chamán" de cabecera que los asesora y "protege". A este grupo de brujos que habita la región de Los Tuxtlas se les conoce como los "asesores presidenciales".

Junto con el poder, la brujería se ha institucionalizado. Cada año, desde el año 2000, en las orillas de la laguna de Catemaco, durante los primeros días de marzo, se realiza el Congreso Nacional de Brujería. En alguno de estos encuentros se ha llegado a contabilizar hasta 230 brujos y curanderos, quienes durante tres días se dedican a atender a cerca de 15 mil asistentes, a quienes les hacen "limpias", les leen las cartas y les adivinan la suerte.

Lo que en algún tiempo fue un próspero negocio del que se beneficiaban todos los brujos, ha sido afectado por un factor terrenal que impactó negativamente en el número de asistentes a Catemaco, donde se tienen dispuestas 650 habitaciones en albergues y pequeños hoteles. Con la derrota del PRI en las elecciones de 2000, la creencia en los poderes de los brujos de Catemaco ha disminuido considerablemente, sobre todo luego de que el Brujo Mayor, Tito Gueixpal, vaticinó el triunfo de Francisco Labastida en las elecciones de ese año.

El triunfo del Partido Acción Nacional (PAN) resultó ser un peligro para los brujos de Catemaco. En agosto de 2003, el diputado local panista Ángel Deschamps presentó una iniciativa de ley según la cual se podrá aplicar de uno a cinco años de prisión, así como una multa de hasta 300 veces el salario mínimo, a los yerberos, curanderos, chamanes, esoteristas, astrólogos, adivinos, magos, espiritistas, brujos y cartomancianos "que engañen a la gente tratando de hacerle creer que la curan".

La propuesta del legislador panista no prosperó y el actual gobernador del estado, Fidel Herrera, emergido del PRI, aprovechó la polémica para ponerse del lado de los brujos de Catemaco, quienes, ante los peligros de los vaivenes políticos, encontraron en internet un nuevo escape a sus poderes. Hoy en día, los brujos navegan por el ciberespacio ofreciendo sus servicios de magia y hechicería acordes al mundo globalizado.

No sólo Veracruz es famoso por sus brujos y hechiceros, ni por sus políticos buscándolos. También en Oaxaca existe una larga tradición, la cual adquirió mayor reconocimiento gracias a María Sabina, la chamana que en la década de 1970 se dio a conocer en todo el mundo por sus dotes de vidente y por curar con hongos alucinógenos.

Miguel de la Madrid, Margarita López Portillo y muchos otros políticos nacionales y extranjeros, así como diversos escritores, poetas, pintores, cantantes y estudiosos reconocidos pasaron por casa de la indígena mazateca, buscando vivir la experiencia de los hongos, que se habían convertido en el oráculo del momento, en el *aleph* de moda. Incluso hubo una película sobre la vida de María Sabina, ordenada por Margarita López Portillo, entonces directora de Radio, Televisión y Cinematografía. El filme, que se llamó *María Sabina, mujer espíritu*, fue dirigido por Nicolás Echevarría y estrenado el 5 de julio de 1979.

Sobra decir que la fama nunca llegó a reflejarse en la economía de la indígena oaxaqueña, quien al final de su vida murió pobre, explotada por las celebridades políticas y artísticas, en medio de una pelea familiar en la que sus herederos se disputaban las regalías de su nombre.

El 8 de octubre de 1996, Francisca Zetina, mejor conocida como la Paca, tuvo una visión, mejor dicho, un presentimiento: vislumbró el lugar preciso en el que estaba el cadáver de Manuel Muñoz Rocha, tras dos años de su extravío. Los huesos debían estar, aseguró la vidente, enterrados a flor de tierra en la finca El Encanto, propiedad de Raúl Salinas de Gortari.

Al día siguiente, el subprocurador Pablo Chapa Bezanilla llevó a la Paca a la finca del mayor del clan Salinas para comprobar que ahí estaban los restos del diputado por Tamaulipas, a quien se le adjudicaba haber participado en el asesinato de José Francisco Ruiz Massieu.

Las vibraciones percibidas por la Paca fueron la señal que Chapa Bezanilla recibió para convencerse, él también, de que estaba en el lugar correcto. "¡Es Muñoz Rocha! ¡Es Muñoz Rocha!", exclamó el miércoles 9 al ver el cráneo. Festejaba el hallazgo sin esperar a que concluyeran las investigaciones pertinentes.

Francisca Zetina Chávez recuerda ese momento:

"Fui y les dije que en ese lugar había vibraciones negativas. No es un lugar sano. Hay cosas sobrenaturales. El pasto no huele a hierba, y todo está muy misterioso."

—Usted dijo que había un cadáver enterrado.

—Eso lo decía el anónimo. Yo dije que había vibraciones fuera de lo común. Siempre dije eso. El anónimo sólo cumplí con entregarlo y es todo lo que sé.[1]

Con este presentimiento, la Paca inauguraba una de las historias más increíbles de la política nacional: una vidente, una bruja, como la catalogaron la mayoría de los implicados poco tiempo después, había sido la guía de la justicia mexicana para encontrar al responsable de uno de los asesinatos más escabrosos de la historia nacional reciente, un caso que sigue sin resolverse.

Pero no sólo eso, las declaraciones de Francisca Zetina ante los tribunales sobre la afición a la brujería de Raúl Salinas, sería otra de las sorpresas que, literalmente, revelaría un personaje que se declaró integrante de la "Hermandad", secta de carácter mesiánico y milenarista, que practica el "espiritualismo trinitario mariano", una de las expresiones religiosas populares más importantes de México, integrada desde 1866 por grupos de ferrocarrileros y por algunos marginados urbanos.[2] La Paca y sus allegados aceptaron pertenecer a esta agrupación esotérica, que practica el vudú, la cartomancia y la astrología, capacidades que puso al servicio del "hermano incómodo" mientras era su consejera espiritual.

Lo paradójico fue que la Paca también asesoró a Antonio Lozano Gracia, el primer militante del PAN en llegar a ser responsable de la Procuraduría General de la República (PGR), quien traía todo un equipo de su partido. Su secretario particular era Armando Salinas y su vocero, Juan Ignacio Zavala, quien se dedicaba a pastorear a los reporteros filtrándoles los datos más increíbles de la historia. Esta misma función la hizo durante los primeros años de la presidencia de Vicente Fox, hasta que cayó de la gracia de Marta Sahagún.

Los funcionarios panistas, que se decían alejados de las supercherías y de la corrupción, fueron quienes siguieron las señales y las vibraciones de la Paca hasta encontrar los restos de Manuel Muñoz Rocha. La historia churrigueresca de la osamenta enterrada en El Encanto le costó a la PGR más de 4 millones de pesos, los cuales fueron pagados por Lozano y Bezanilla a la Paca, así como a otros de sus cómplices, todos los cuales participaron en la trama de la siembra de restos humanos en el terreno de la propiedad de Raúl Salinas.

Por el uso de este dinero, que fue extraído de las arcas de la PGR, más precisamente de los bienes asegurados al narcotráfico, y por otros delitos, como la fabricación de pruebas y la compra de declaraciones ministeriales, el procurador panista fue llevado hasta los tribunales, luego de que la Procuraduría General de Justicia del Distrito Federal (PGJDF), encabezada por José Antonio González Fernández, realizó la investigación de la exhumación e inhumación del supuesto cadáver de Muñoz Rocha.

Producto de esta investigación, el 6 de febrero de 1997, José de Jesús Cortés Osorio, coordinador general de investigaciones de la subprocuraduría especial de la PGR, la Paca y muchos otros de sus cómplices fueron detenidos sin derecho a fianza, acusados de tramar la historia de la osamenta.

Para entonces, las historias de los huesos utilizados para engañar a la justicia y a la opinión pública, la de Francisca Zetina, alias la Paca, así como la del esoterismo de Raúl Salinas, además de las versiones que aseguraban que Lozano y Chapa Bezanilla habían caído en una trampa, se habían hecho públicas.

En el caso de la osamenta, el procurador Lozano dijo en una entrevista con el actual director de *Proceso*, Rafael Rodríguez Castañeda, que su contacto con la Paca había sido a través del subprocurador especial, Pablo Chapa Bezanilla, quien dijo haber recibido "información de una fuente que, en el pasado, le había dado datos importantes para la investigación, que había sido comprobada y que adicionalmente involucraba a miembros de la seguridad del ingeniero Salinas, personas respecto de las cuales habíamos comprobado que mentían en sus versiones".[3]

Por su parte, Chapa Bezanilla, que al verse descubierto había huido a España, reveló en una carta entregada a un juzgado de aquel país —quería evitar la extradición— cómo fue que descubrió a la Paca y cómo le dio la información sobre el supuesto cadáver de Muñoz Rocha.[4] Aseguró que, un día entre abril y mayo de 1995, no recordaba exactamente cuál, recibió una llamada de una "persona que dijo ser Ministerio Público Federal" del Reclusorio Oriente, quien afirmó tener unos familiares que habían trabajado con el ingeniero Raúl Salinas de Gortari, y aseguró también que ellos tenían información acerca del homicidio. "En razón de ello concerté una entrevista con el servidor público, quien me puso en contacto con tales personas, resultando ser la señora Francisca Zetina Chávez y su hermana Patricia."

Las hermanas Zetina proporcionaron al subprocurador la información de los inmuebles y de las propiedades de Raúl Salinas, los lugares a los que éste acudía, así como los nombres de las personas que lo visitaban. Según Chapa, gracias a estos datos se descubrieron las identidades falsas del hermano incómodo del presidente, así como innumerables propiedades y "relaciones íntimas" que no eran objeto de la investigación.

Tras este encuentro, el enlace con las hermanas Zetina quedó a cargo de José de Jesús Cortés Osorio, coordinador general de las investigaciones del caso Ruiz Massieu, quien poco tiempo después informó a Chapa Bezanilla que la Paca conocía a una persona que sabía dónde se encontraba el cuerpo de Muñoz Rocha, y esa persona pedía seis millones de pesos. Vino el regateo y todo quedó en un millón.

Fue así como Francisca Zetina entregó una carta de cuatro hojas y un croquis del lugar donde supuestamente se encontrarían los restos del diputado tamaulipeco. Según la Paca, esta información se la habría entregado, de manera anónima, un joven desconocido, por lo que ella no sabía nada más. La carta narraba los pormenores del supuesto asesinato de Muñoz Rocha y acusaba a Raúl Salinas; aseguraba, además, que revelaba el secreto "porque el país está sumido en injusticias y como patriota que soy, te autorizo a que des mi relato a la procuraduría". Según la carta, el 30 de octubre de 1994 el mayor Antonio Chávez Ramírez, escolta personal de Raúl Salinas, le había conseguido una entrevista a Muñoz Rocha con el hermano mayor del presidente, la cual se llevaría a cabo en una residencia ubicada en Reforma 975, propiedad del *hermano incómodo*.

Al llegar al lugar, la puerta se abrió y "apareció la imagen de dos sujetos: uno de ellos con un bat en la mano y otro tirado en el suelo con la cabeza ensangrentada. El del bat se me quedó viendo estúpidamente y miró al mayor; el mayor, sorprendido, me agarró del brazo y nerviosamente me sacó al jardín, me subió a una camioneta y me dijo que esperara." Según el testigo anónimo, minutos después, el mayor le dijo que Salinas le había dicho que si guardaba silencio lo compensaría colocándolo "en un puesto grande" dentro de la policía. Antes de partir, el testigo vio otra escena: "Llegó un sujeto con acento extranjero y al cuerpo [de Muñoz Rocha] le quitaron sus pertenencias, lo dejaron desnudo y lo mutilaron, lo escalparon, le quitaron la mandíbula y los dedos, después lo echó en una bolsa como si fuera un carnicero."

El 9 de febrero de 1996, gracias a la información y a las "vibraciones" de la Paca, Lozano Gracia y Chapa Bezanilla descubrieron unos huesos en la finca El Encanto y, sin esperar los análisis científicos pertinentes, proclamaron que se trataba de los restos de Manuel Muñoz Rocha. Sin embargo, y casi inmediatamente, comenzó un nuevo capítulo en esta historia, una historia surrealista que concentra muchas de las prácticas de la política mexicana y en la que se mezclan y entrecruzan el engaño, el revanchismo, el esoterismo y la brujería.

Conforme se daban los primeros informes de los peritos mexicanos y estadounidenses, se descubrió que los huesos no coincidían con los de Muñoz Rocha. Y tampoco coincidían entre sí.

El montaje comenzaba a caerse y el presidente Ernesto Zedillo se vio obligado a destituir al abogado del PAN, Antonio Lozano, junto con todo su equipo. Al mismo tiempo, aparecía una nueva incógnita: ¿de quién o de quiénes eran los restos encontrados en la finca de Raúl Salinas? Poco a poco comenzaron a develarse las historias de los propietarios de los huesos y de cómo habían sido sembrados en los jardines de El Encanto.

Se descubrió que Joaquín Rodríguez Cortés, yerno de La Paca, había exhumado los restos de la tumba de su padre, Joaquín Rodríguez Ruiz, la noche del 3 de octubre, y que los había trasladado en un costal y en unas bolsas de plástico hasta los jardines de El Encanto, donde los inhumó la madrugada del día siguiente. Joaquín no reparó en que en esa misma tumba habían enterrado a otros dos de sus familiares y, por las prisas, se llevó los huesos revueltos de tres cuerpos.

Una investigación de los reporteros de la revista *Proceso*, Ignacio Ramírez y Ricardo Ravelo,[5] dio con un dato fundamental. El sepulturero del panteón de Tláhuac, quien pidió reservar su nombre por temor a represalias, resolvió el enigma de los huesos enterrados en El Encanto.

Aquí había tres cadáveres sepultados en una sola tumba, uno abajo, otro en medio y uno más arriba. Yo pienso que, con las prisas y el miedo a ser descubierto, Rodríguez Cortés hizo un revoltijo de huesos; por eso creo que la calavera no correspondía a los demás restos, como lo afirma el doctor Trejo Sinecio [patólogo encargado de los análisis].

El enterrador llevó a los reporteros hasta una tumba en la que había tres cruces: la de Tomás Ruiz Vigueras, quien había fallecido el 4 de marzo de 1977; la de Joaquín Rodríguez Ruiz, muerto el 4 de noviembre de 1993, y la de la señora Paula Inés Cortés Chavarría, cuya muerte acaeció el 25 de julio de 1995.

Según el cavador del panteón de Tláhuac, no era creíble que el yerno de la Paca hubiera profanado la tumba con una pala y una varilla, sin ayuda de alguien más. Por su experiencia podía asegurar que se necesitaban, por lo menos, tres hombres con martillos y palas para romper las bóvedas y sacar los restos. Además, por el espacio tan pequeño que se había encontrado en el lugar, era imposible sacar todo el ataúd. Fue por eso que sacó lo que pudo, con la ayuda de otras personas.

—¿Y el velador? ¿Nadie escuchó nada? — preguntaron los reporteros.

—El velador es un viejito de ochenta años que está un poco sordo. Y si oyó, nadie sale aquí en las noches, el panteón se ha convertido en refugio de mariguanos. Capaz lo matan a uno y aquí mismo lo entierran —contestó el experimentado sepulturero.

Resuelto el enredo de la osamenta descubierta en El Encanto, comenzaron a conocerse todas las demás historias, entre las que sobresalía la de la relación entre la Paca y Raúl Salinas de Gortari.

Francisca Zetina siempre reconoció su complicidad con Raúl Salinas. Incluso antes de que se conociera su sentencia, en su declaración preparatoria del 18 de diciembre de 1996, dijo que fue por presiones del hermano mayor de la familia Salinas de Gortari como sembró el cadáver en El Encanto. El objetivo, aseguró, era desprestigiar a los funcionarios de la PGR. También reveló que Raúl Salinas la llamó desde la cárcel de Almoloya y la amenazó con dañar a una de sus hijas si no acataba sus instrucciones. Fue por esto que entregó la carta y el croquis a Chapa Bezanilla.

En la misma declaración, la Paca admitió el vínculo esotérico que la unía a Raúl Salinas de Gortari.

El 15 de enero de 1997, Francisca Zetina fue arraigada en su casa de la calle Morelos 22, colonia Lomas de Santa Cruz Meyehualco. En una entrevista que se le hizo en el garaje de su domicilio, la Paca reveló que conocía a Raúl Salinas desde hacía ocho años y que desde entonces le había ayudado a utilizar los amuletos de magia que le eran traídos desde África.[6]

Vestida de negro, con un amuleto al cuello "para mi protección y seguridad", la Paca dijo que conocía a Raúl Salinas desde que éste era director de Diconsa, cuando lo vio por primera vez por intermedio de su secretaria particular, Ofelia Calvo, quien acudió a ella porque "quería casarse, tener hijos, dinero y que su jefe sobresaliera en la política [y] eso se lo pedía a los espíritus".

La amistad con Raúl Salinas, aseguró la Paca, "creció tanto que luego me convertí en su consejera. Siempre me consultaba cuando quería saber cómo le iba a ir en algún negocio o en su trabajo. También me preguntaba cómo usar los amuletos que compraba en África".

—¿Qué tipo de amuletos?

—Recuerdo que me mostraba colmillos de elefante. En realidad, al señor Raúl lo que más le preocupaba era su futuro y su seguridad personal.

Horas más tarde, al rendir su primera declaración, La Paca reconoció que ella formaba parte del grupo "Los marianos trinitarios del templo de la fe", ubicados en Iztapalapa, iniciados "en las ramas de la quiromancia [sic], la astrología y la cartomancia".

Semanas más tarde, en una carta que le envió a Raúl Salinas, quien ya estaba recluido en el penal de Almoloya, en el Estado de México, Francisca Zetina ofreció más detalles sobre sus prácticas esotéricas, su pertenencia a la "hermandad" y la ayuda que dio esta agrupación a Salinas, mediante guardias y práctica del vudú.

La revista *Proceso* publicó extractos de esta carta, que vale la pena recuperar, respetando la sintaxis y la ortografía originales.

Ingeniero:

Quisiera platicar larga y tenazmente con usted, pero debido a las circunstancias no se puede, escribo largamente esta carta.

La vez primera que lo conocí me pareció un hombre bondadoso firme en sus decisiones Amable, pues al decirme que en mis ojos veia la bondad, me dio gusto que pudiera conocer a la gente no porque sea yo una persona bondadosa sino porque usted sabe en quien creer y en quien no…

Soy parte de una hermandad, donde se estudia todas las partes que han sido dormidas del psiquismo donde la mente no tiene tope y se usa la trasmutación, de pensamiento de personas a cosas, donde muchisimas cosas que para el humano simple no puede ser posible dentro del siquismo son maravillosas…

Era importante que no se alejara y me preguntava porque volverlo a soñar si le avise del peligro en que estaba he cumplido por ley Kosmica al darle aviso y volví a quedarme callada porque amablemente me dijo que me lo agradecía pero como creer en algo tan absurdo…

es difícil nuestra situacion porque somos muchos y bendito sea Dios soy una de las cabezas. Gracias por los quince mil pesos que nos dio su esposa en ayuda…

el primer paso fue solucionar el escándalo de María. Segundo ponernos entre usted y sus enemigos para que no siguieran intentanto contra su vida fisica.

Tercero pagarle al hombre que habíamos llevado para que hablara con su esposa del porque lo habían golpeado no queriendo hablar con el siendo que era importante puesto que fue el que se negó arreglar su coche para que tubiera un accidente...

como usted vera estamos al tanto de lo que sucede a su alrredor teniendo serca usted dos elemento que garantizan su seguridad y bienestar material sabiendo que todo esto causa gastos nuestra hermandad ha cooperado para todo lo que ha sido necesario pero necesitamos de su ayuda manterial para seguir adelante, no porque no podamos seguir ayudando sino que es nesesario que se ayude usted mismo. es lógico que piense que queremos sacar provecho de esta situación lamentable pero es necesario que se cumpla la ley kosmica de lo justo por lo injusto y lo injusto por lo justo y pueda tener indulgencia propias...

por el otro lado se ha trabajado por medio del Vudu donde se han retirado uno a uno todos aquellos que han querido declarar falsamente contra usted. Su más grande enemigo esta amordazado y tapado de ojos en un laberinto y jamas encontrara la salida. hemos sabido tambien que estan queriendo culpar a trabajadores de usted de muertes ficiticias...

Ingeniero que la avalancha que se levanta de la obscuridad no tape sus buenos sentimientos, pues cuente con todos nosotros pues sabemos que usted no ha cometido los delitos que le imputan y queremos decirle que creemos en su inocencia que nosotros no somos nadie para juzgar a nadie y que todo aquel que se aserque a la luz del padre tendra siempre protección...

Pedimos a Dios Idulgencia para usted, pues sabemos que es usted un buen hombre, que como todos muchas veces nos llegamos a cometer herrores pero sin causar daño a nadie...

El talisman que le mando es un amuleto muy sagrado pues es un amuleto silvestre del sur de Europa el cual no le dejara estar mucho tiempo encerrado cuidelo por caridad es muy costoso carguelo no lo deseche que en el estan años de sabiduria y valores espirituales que usted no se imagina… cuando necesite sentirme serca de usted hable tres veces a nuestro guia espiritual Joon F Kenedy, Ayora Gaidy Gases.

El contenido de la carta nunca fue desmentido por Raúl Salinas de Gortari, quien dejó de manifiesto su vínculo esotérico con la Paca. Pero no sólo ésta era parte de la "Hermandad", había otros integrantes, como Ramiro Aguilar Lucero, quien entregó a Francisca Zetina el documento "anónimo" en el que se revelaba la ubicación de la supuesta osamenta de Muñoz Rocha, que también estuvieron dentro de esta trama y que también conocían al mayor de los Salinas.

Aguilar Lucero, a la postre pareja sentimental de la Paca, en su declaración ministerial del 16 de octubre de 1996, y en una evaluación hecha por las psicólogas Lucía Bustos Montes de Oca y Graciela Miranda González, contratadas por la PGR en aquel momento, reconoció que pertenecía a la misma secta que su compañera. El reporte médico que se registró entonces dice lo siguiente:

> Señaló que él pertenece a una Hermandad, mostrándose sumamente hermético al respecto; sin embargo, dejó entrever que los miembros de dicha Hermandad son destacadas personalidades, quienes solicitan ayuda y orientación para realizar sus actividades a través de personas como la señora Francisca, La Paca, quien por medio de rituales y conductas esotéricas les brinda lo que solicitan, todo bajo un sistema de valores y conductas en los que la lealtad al grupo es una de las motivaciones principales. Nuestro evaluado agrega que él ha pertenecido a esta Hermandad por "generaciones", negándose a hablar de ello con mayor profundidad.[7]

Joaquín Rodríguez Cortés, cuñado de la Paca y responsable de exhumar e inhumar los supuestos restos de Muñoz Rocha en la finca de Raúl Salinas, también se declaró miembro de la secta. En su ficha de identificación del Reclusorio Oriente, donde permaneció detenido, registró ocupación de herrero y plomero "y lo relacionado a lo espiritual". Su religión: El Espiritualismo Trinitario Mariano es una de las expresiones religiosas populares más importantes y complejas de México, fue creada desde 1866 por Roque Rojas Esparza, un exseminarista y juez en Iztapalapa, de padre español con supuestos orígenes judíos y una madre indígena otomí cuyo padre era chamán, quien tiene una revelación en la que se le aparece el profeta Elías y funda la Iglesia Mexicana Patriarcal de Elías en el Ajusco, al sur de la ciudad de México, la divide en siete sellos o ramificaciones y forma un cuerpo sacerdotal de 12 mujeres y 12 hombres. Esta iglesia muy asistida por clases populares del país tomó el nombre de Espiritualismo Trinitario Mariano de la sexta ramificación encabezada por la sacerdotisa Damiana Oviedo: Espiritualista porque es una derivación de espiritismo de Kardec ya que consulta a los espíritus de muertos para curar las enfermedades o resolver todo tipo de problemas; Trinitario porque señala que el primer profeta fue Moisés, el segundo Jesús y el tercero Elías reencarnado en Roque Rojas; y Mariano por el culto a la Virgen María. En más de un siglo de permanencia ha crecido de manera impresionante en todo el país y algunas partes de Estados Unidos; sus líderes señalan que hay ocho millones de adeptos y de acuerdo con la investigación de Silvia Ortiz, titulada "Una religiosidad popular: el Espiritualismo Trinitario Mariano", hay miles de templos o iglesias registrados por la Secretaría de Gobernación desde 1926. Esta iglesia o secta conocida como la Hermandad, de la que al parecer se derivó el culto a la Santa Muerte, es a la que pertenece la Paca.

La Hermandad siempre estuvo al lado del hermano mayor del clan Salinas, incluso mientras éste permaneció en la cárcel.

Todos los actores de esta macabra y surrealista historia ya han salido libres, incluso Francisca Zetina. Ramiro Aguilar Lucero fue excarcelado del penal de Santa Martha Acatitla el 8 de noviembre de 1997, después de que un tribunal federal determinó que se había cumplido el cómputo anticipado de sus dos condenas, dictadas hacía una década.

Diez años después, la Paca seguía en la cárcel de Santa Marta Acatitla, donde fue entrevistada por el reportero José Gerardo Mejía del periódico *El Universal*, quien publicó la entrevista el 29 de enero de 2008. En ésta, Francisca Zetina dijo que permanecía detrás de las rejas "porque el grupo político que estuvo involucrado en su caso presiona para que no obtenga la libertad". Hace apenas unos meses, el 9 de abril de 2008, la Paca finalmente salió de la cárcel. Se fue a vivir con su hermana a la colonia Iztapalapa, sin dinero y sin hijos, pues éstos la abandonaron el día mismo que pisó la prisión.

El 11 de junio de 2008, en una entrevista con la reportera Claudia Bolaños, del diario *El Universal*, la Paca aseguró:

> Yo sólo les hice el favor de acudir a la finca El Encanto, donde ya estaba el montaje. Yo tengo pruebas de toda la verdad, pero en muchas ocasiones entró gente a la cárcel a amenazarme. A muchos no les gustan las verdades, y tanto autoridades como personas que estuvieron a cargo no ignoran que nada más yo quedaba en la cárcel.

El nombre de Raúl Salinas nunca lo mencionó, tampoco el de Chapa Bezanilla o el de Antonio Lozano. Mientras La Paca permaneció 12 años en la cárcel, Raúl Salinas, su protegido espiritual, salió a la calle el 14 de junio de 2007. Ese día, tras abandonar el penal de Almoloya, se dirigió a su lujosa casa de Reforma, el mismo lugar donde años atrás había empezado esta historia. Entró desde la calle, cruzando los dos enormes colmillos de elefante que, en forma de arco, sirven de entrada a la casa, al tiempo que la protegen.

La suerte le sonreía a Raúl: meses después se enteró de que las autoridades suizas habían determinado regresarle los 105 millones de dólares que le habían sido incautados en 1995 por presunto *lavado* de dinero.

EL MAHARISHI TAMAULIPECO

El 9 de abril de 1993, Manuel Cavazos Lerma, entonces gobernador de Tamaulipas, clausuraba el curso "El despertar de las conciencias", que por órdenes suyas se había impartido en todas las cárceles del estado, así como en las dependencias de gobierno. Pretendía también que el mismo curso se diera en todas las escuelas de educación básica de Tamaulipas.

Ese mismo día los reporteros vieron que el gobernador traía consigo un libro titulado *Maharishi, entre el Cielo y la Tierra*. No obstante, en declaraciones a los medios y ante la jerarquía católica, Cavazos Lerma negaba que el curso fuera de meditación o que se tratara de una introducción a alguna secta oriental, como las que el Vaticano había llegado a considerar perniciosas.

"Se trata de lo que está de moda: calidad total en el servicio que proporciona el Estado, empezando por crear conciencia de que somos servidores públicos", justificaba el gobernador una y otra vez.

Manuel Cavazos Lerma, hombre delgado y de baja estatura, con ojos pequeños y mirada aguda, nunca se separaba de su sombrero vaquero pues, según aseguran varios de sus ex colaboradores, debajo de éste traía una pequeña pirámide que le ayudaba a concentrar la energía positiva. También había instalado otra pirámide en la camioneta en la que circulaba por Ciudad Victoria y por las comunidades campesinas.

Esta misma figura, que en el mundo de los símbolos mágicos representa la fuerza, la prosperidad y el crecimiento, fue utilizada por el político de Tamaulipas para construir su casa ubicada a las afueras de Ciudad Victoria, en el rancho Santa Cecilia, cuya recámara también tenía forma piramidal.[8]

El político priísta combinaba la filosofía del yogui hindú Maharishi con el esoterismo piramidal, mientras trataba de implementar este menjurje en sus programas de gobierno, con el argumento de que se trataba de nuevas formas de superación personal, obtención de mayores rendimientos en el trabajo y en el estudio, así como el inicio de un "nuevo amanecer para Tamaulipas".

El caso del ex gobernador de Tamaulipas es otro de los ejemplos que demuestran cómo un gobernante es capaz de trasladar sus creencias o su fe a una doctrina que afecta los programas de gobierno. Antes de Cavazos Lerma, ningún político se había atrevido a implementar, de manera tan evidente, un dogma metafísico en acciones públicas. Este economista que a los 23 años inició sus estudios de doctorado en la Escuela de Economía y Ciencias de Londres, Inglaterra, donde se formó Anthony Giddens, autor de *La tercera vía*, estaba convencido de estar innovando.

Entre 1969 y 1972 el joven tamaulipeco vivió en Inglaterra; eran los años de la ruptura de esquemas tradicionales de la cultura, la época de Acuario y de la influencia de nuevas creencias, doctrinas y filosofías orientales. Es muy probable que éste haya sido el tiempo en que el político mexicano se introdujo en la corriente del Maharishi, decidiendo después expandirla y aplicarla en cuanto le fuera posible.

La inteligencia de Cavazos siempre fue reconocida al interior de su partido. Desde su regreso de Europa comenzó a desempeñarse en cargos de asesoría del Instituto de Estudios Políticos, Económicos y Sociales (IEPES), que hasta la elección de Carlos Salinas de Gortari, en 1988, sirvió como centro de inteligencia del PRI. Con la llegada de Salinas, Cavazos entró a trabajar en la Secretaría de Hacienda y después en el Banco de México, luego fue diputado federal en un par de ocasiones y en una más, senador. También colaboró en las secretarías de Desarrollo Social y de Gobernación, y fue delegado del PRI en varios estados, incluido Tamaulipas.

Desde su campaña como candidato a la gubernatura de Tamaulipas, Cavazos dio visos de que podría implementar los dogmas de la doctrina del Maharishi ("gran vidente" en lengua hindi) Mahesh Yogi, el gurú de Los Beatles y de tantos otros cantantes, actores, actrices y directores de cine de la década de 1970, época en la que llegó a tener más de cinco millones de adeptos, quienes asistían a los cursos que impartía por todo el mundo apoyado por el movimiento Global Country of World Peace, así como por las universidades que instaló en diferentes países.

Uno de los dogmas de la "meditación trascendental" que practicaba Cavazos Lerma es que "la vida es gozo, el hombre ha nacido para disfrutar [y] dentro de cada uno hay una reserva ilimitada de energía, inteligencia y felicidad". La página oficial del Instituto Maharishi de Puerto Rico menciona el legado de "beneficios individuales" que dejó el místico hindú tras su muerte, ocurrida apenas el 8 de febrero de 2008. El político tamaulipeco siguió al pie de la letra estas enseñanzas: aumento de satisfacción y felicidad interior; incremento de productividad y eficiencia; reducción de la dependencia a alcohol, drogas y otros estimulantes; mejoría en la concentración, entre otras.

Como gobernador, Cavazos no desaprovechó la oportunidad de aplicar sus creencias esotéricas en las políticas públicas. El primer día de su gobierno, el 5 de febrero de 1993, firmó un convenio con la Universidad de Maharishi de América

Latina, gracias al cual podría aplicar el curso "El despertar de las conciencias" en todas las cárceles del estado. La justificación era clara: se trataba de un "un programa de apoyo a la readaptación social a través de la técnica de la terapia", según afirmaba el convenio firmado por el propio gobernador y por el director de la institución educativa, Rafael de la Puente Aravena. En total, el curso fue impartido durante cuatro meses a 600 presos, quienes tomaban dos sesiones diarias durante los días hábiles. El programa tuvo un costo de 300 mil dólares, es decir, 500 dólares por interno. Por supuesto, el curso tenía el mismo nombre, "El despertar de las conciencias", que Cavazos Lerma había usado como lema a lo largo de su campaña electoral.

Una vez que fue aplicado a los reos los primeros meses de ese año, también se empleó en 320 funcionarios del gobierno estatal por maestros de la Universidad Internacional Maharishi provenientes de Holanda, Chile, Colombia y la Ciudad de México. La idea era convertir a los servidores públicos en los instructores de los maestros de las escuelas públicas desde la primaria hasta las universidades, donde se impartirían las enseñanzas del Maharishi.

Aunque las sesiones que se dieron a los funcionarios fueron cerradas, las versiones de lo que pasaba en esos recintos traspasaron las paredes. Los asistentes tenían que entrar a las sesiones con los pies descalzos, les regalaban flores y se esparcía incienso para facilitar la meditación y la armonía. Cada funcionario recibía su "mantra", es decir, su oración para alejar a los malos espíritus y para cargarse de energía.

Durante los primeros meses del gobierno de Cavazos, se ocultó la firma del acuerdo con la Universidad Maharishi, pero entre los tamaulipecos era la comidilla y se acusaba al gobernador de utilizar el dinero público para sus excentricidades, en vez de ayudar con más recursos a la educación básica.

No fue sino hasta el 9 de abril cuando en una entrevista el Ejecutivo del estado aceptó públicamente que se estaba impartiendo el curso "El despertar de las conciencias" en las cárceles y entre los funcionarios. Anunció que sería extensivo en todos los planteles escolares. Sin embargo, aún negaba que fuera el responsable de haber firmado el acuerdo.

"Somos un estado pionero en el mundo, se sembrará la semilla de una nueva sociedad con un nuevo tamaulipeco que eche por tierra sus telarañas mentales", argumentó, vehemente, el día que se cerraba la primera etapa del curso. "Una nueva sociedad sólo se hace con semillas nuevas, no podemos hacer una sociedad con semillas viejas, porque ésas dan frutos viejos", remató ante los reporteros, a quienes les puso un ejemplo: "Los resultados de esto ya se empiezan a notar. ¿No ven el semblante de los funcionarios? Esto elimina el estrés y permite trabajar hasta 20 horas diarias con una verdadera mística de servicio".

Aquel día, el gobernador explicó que uno de los objetivos era que las personas conocieran los cinco estados de la conciencia, y que alcanzaran una coherencia absoluta entre el cuerpo y la mente para contribuir así a la mejoría tanto de su salud física como de la sociedad.[9]

Lo que para muchos parecía una broma, una ocurrencia de un gobernador afín al esoterismo, en los hechos tomaba la forma de una política pública y de gobierno. El curso era impartido a cinco mil presos en diferentes cárceles del estado, a 38 mil maestros de educación pública, a 233 mil estudiantes de nivel básico y a otros tantos de educación media y superior.

En sus discursos, Cavazos Lerma repetía con énfasis que su gobierno sería para los tamaulipecos un "nuevo amanecer". Los reporteros que cubrían sus actos recuerdan que cada vez que el gobernador empezaba sus discursos trazaba la figura de una pirámide en el aire, hacía círculos hacia los lados y hacia el frente mientras que con los dedos formaba letras y figuras, para lanzar después consignas llenas de misticismo: "Hay que poner el acento en el hombre, si no mejoramos al hombre, no mejoramos al mundo".

Durante esta época, la figura piramidal se difundió por todas las oficinas de gobierno y libros sobre "meditación trascendental" se agotaron en todas las librerías de Tamaulipas. Un fenómeno jamás visto recorría el estado, como reconoció el responsable de la Feria del Libro, Arturo Quiñones, quien dijo que antes de que el gobernador hiciera pública su afición, durante los ocho meses en que la feria recorrió diez ciudades del norte, no se había vendido ni un solo ejemplar de la obra del Maharishi.[10]

Además de la casa del rancho Santa Cecilia y la recámara del gobernador, una figura de vidrios superpuestos fue instalada en la parte trasera de la camioneta blanca que lo transportaba; la figura estaba conectada por un cordón al asiento delantero que siempre ocupaba Cavazos Lerma, quien de esta manera siempre estaba cargado de energía.

No pasó mucho tiempo antes de que las pirámides, como los libros de Maharishi, se pusieran de moda en todo Tamaulipas. Cientos de éstas, hechas de diversos materiales, se observaban en los escritorios de los funcionarios, en los coches y en las casas de las ciudades. En Ciudad Victoria abrió sus puertas la librería La Pirámide y se construyó una enorme pirámide tubular que se convirtió en la sede del Laboratorio Ambiental Nuevo Tamaulipas.

Eduardo Muñoz Rocha, hermano de Manuel Muñoz Rocha, el diputado del PRI que desapareció en septiembre de 1994 y de quien ya hemos hablado en este libro, era el coordinador del programa "El despertar de las conciencias". El 14 de abril de 1993 los diarios publicaron declaraciones suyas, en las que aseguraba ser el enlace con la Universidad

Maharishi de Holanda, haber tomado diversos cursos en ésta y tener la seguridad absoluta de que, con la implementación de esta disciplina, aumentaría el coeficiente intelectual de los tamaulipecos.[11]

Aquel día Muñoz Rocha hizo extensiva una invitación a los reporteros del estado para que tomaran el curso, aunque advirtió que éste no sería gratuito. Rehusó dar más detalles y sólo explicó que se trataba de un programa gubernamental que a los empleados y a los alumnos de las escuelas públicas no les costaría ni un centavo. Además, adelantó que había planes para abrir en Tamaulipas una Facultad de la Universidad Maharishi de Holanda. Ante los cuestionamientos de los reporteros, quienes querían saber si se trataba de un curso de meditación, Muñoz Rocha dio un giro y dijo que se trataba de "un estudio del sistema nervioso con criterios científicos, que buscaba desarrollar la conciencia"; además, aseguró que se llamaba "tecnología del campo unificado".[12]

Al día siguiente, el gobernador tuvo que salir a defender su programa. Cavazos Lerma dijo que se trataba de un curso de "desarrollo personal" en la búsqueda de la excelencia, no de "meditación trascendental" ni de control mental. Además, aseguró, no tenía nada que ver con el Maharishi. "Eso lo inventaron, fue parte de la broma, del choteo, pues entre ellos estaban bromeando y alguien lo tomó en serio […] Que si era yoga, que si era Maharishi y que si eran Los Beatles, pero esto sólo son las ramas, la parte anecdótica. La parte central es lo que estoy aclarando."

El gobernador se explayó todo lo que pudo. Admitió conocer, desde hacía años, al representante de la Universidad Maharishi de Estados Unidos y América Latina, Benjamín Felman, y reconoció haber tomado, él mismo y sus tres hijos, el curso impartido en Semana Santa. Aseguró que lo había hecho porque éste "no produce ningún mal" e incluso ofreció

una explicación científica: "Los cursos empezaron a impartir-
se en las universidades americanas y la idea era desarrollar un
sistema que permitiera lograr lo que Einstein llamó Campo
Unificado. ¡Claro!, esto tiene un fundamento científico y se
puede citar a Max Plank y su teoría cuántica. Se trata de lograr
lo que se llama la coherencia interna y cerebral.

"—¿Cómo se denomina esa enseñanza? —inquirió un
reportero.

"—Mire, los nombres, ahorita, salen sobrando pues todos
tienden a lo mismo, son cursos de desarrollo personal que se
han dado en Japón, Europa y Estados Unidos."[13]

Sobre el costo de los cursos, el gobernador contestó, visi-
blemente molesto: "Eso es lo de menos, es más, ni hemos
hablado de eso porque esto no tiene precio".

El plan de Cavazos Lerma estaba en marcha y parecía
caminar a la perfección. El secretario de Educación de la entidad, José Luis García, confirmó que los cursos de meditación
trascendental serían incorporados a los programas escolares
como "materia coadyuvante" y que se darían primero a los
inspectores, luego a los maestros y, finalmente, a los estudiantes.[14]

El líder del sindicato de burócratas de Tamaulipas, José
Ceceño Montes, indicó que estaban en pláticas con el Departamento de Recursos Humanos, pues querían establecer la
hora exacta en que los tres mil empleados tomarían el curso
de desarrollo de la conciencia. Por su parte, Miguel González
Medrano, secretario de Servicios Administrativos del gobierno,
reveló que el curso sería impartido a subdirectores, directores
y jefes de departamento, hasta llegar a siete mil burócratas. Por
su parte, el presidente de la Asociación Estatal de Padres de
Familia, Mariano Báez Aguilar, aseguró que no había ninguna
objeción para que el curso se impartiera en las aulas, incluso
dijo que ellos aceptaban que habría beneficios para los niños

y jóvenes, quienes tendrían una mayor participación en la vida social, política y económica del estado.[15] El furor llegó incluso a la Comisión de Derechos Humanos del estado, donde su presidente dijo que el personal de este organismo también tomaría las clases, cuyos costos se integrarían en el programa del gobierno estatal.[16]

Sin embargo, los alcances de las declaraciones del gobernador, de Muñoz Rocha y de los funcionarios de Educación Pública del estado provocaron la preocupación de la Iglesia y abrieron la puerta a las críticas de los partidos políticos opositores y del Sindicato Nacional de Trabajadores de la Educación (SNTE). Aunque todos estos actores sabían de las creencias del gobernador, nunca se imaginaron hasta qué punto trataría de llevarlas una vez que empezara a ejercer el poder. Todos los sectores opositores al gobierno rechazaron las pretensiones "esotéricas" de Cavazos. El líder de la sección 30 del SNTE, Guadalupe López Tijerina, manifestó que el costo del curso era absurdo pues significaba 50% del dinero que el gobierno estatal destinaba a la educación básica.

Los cuestionamientos y las críticas más duras vinieron desde la Iglesia, que vio en "El despertar de las conciencias" una amenaza a las creencias de su grey. Lo primero que hicieron los representantes de la Iglesia fue exigir al gobernador que respetara la libertad religiosa de los ciudadanos. El obispo de la diócesis tamaulipeca, Raymundo López, advirtió: "El gobernador debe tener mucho cuidado con esto que intenta hacer, pues puede encontrar una fuerte oposición entre los padres de familia que le podrían traer graves problemas." El prelado no sólo alertó sobre posibles movilizaciones de padres de familia, sino también sobre el rechazo de la Iglesia, que consideraba las prácticas del Maharishi como peligrosas.

En Tamaulipas, las creencias personales de un gobernador abrían las puertas a un peligroso conflicto religioso. "La introducción de niños y jóvenes a esas técnicas podría confundirlos en cuanto a sus creencias y esto originar el enojo de los padres que podrían sacarlos de la escuela [...] es algo impositivo, en lo que [el gobernador] no tiene facultades. Es algo que puede traer muchas consecuencias a la entidad, sociales y culturales, que ahora no estaríamos en condiciones de delimitar todos los alcances", [17] aseguró el obispo López.

Una vez que se supo que el propio Cavazos Lerma había suscrito el acuerdo con la Universidad Maharishi para América Latina, las críticas de la jerarquía católica fueron más duras e incisivas. La campaña encabezada por los religiosos obligó a Cavazos Lerma a hacer llamadas telefónicas a varios obispos, a quienes trató de aclararles el sentido y el significado del curso "El despertar de las conciencias". El 18 de mayo, Cavazos Lerma llamó a los jerarcas católicos de la entidad, a quienes citó a una reunión privada en la Casa de Gobierno para explicarles el contenido y las intenciones de los cursos de meditación trascendental. Para su desgracia, no logró convencerlos.

El obispo Genaro Alamilla, ex vocero del Episcopado Mexicano y hombre de gran peso en aquella región del país, escribió dos artículos en el periódico *El Norte*, el 23 de mayo y el 27 de julio, en los que revelaba estas llamadas telefónicas de Cavazos y calificaba el programa del gobernador como la práctica "destructiva" de una secta oriental. "Nos parece que el interés por mejorar al ser humano, preocupación del gobernador, es plausible y no tiene objeción", escribió el obispo retomando las propias declaraciones de Cavazos Lerma; sin embargo, le recordaba al gobernador, la "meditación trascendente" había sido calificada en Estados Unidos como "movimiento", unas veces, y como "secta religiosa" otras tantas. Ya en 1978, aseguraba Alamilla, un tribunal de Nueva Jersey la había anulado como "centro de enseñanza", precisamente por su connotación religiosa. Aún más, decía el obispo, entre los años 1988 y 1990, en España, una comisión parlamentaria calificó a la "meditación trascendental" como una "secta destructiva" que ocasionaba "daños económicos, físicos y psíquicos a sus seguidores".

Después de que estos artículos fueron publicados, el gobernador buscó al nuncio apostólico, Jerónimo Prigione, para manifestarle su extrañamiento sobre la actitud del clero católico, pues no podía entender cómo se oponía a los cursos de "meditación" con los que él quería ayudar a los funcionarios, maestros, estudiantes y reos. La respuesta fue clara y contundente.

Quizá parezcamos repetitivos porque bastante se ha escrito sobre el tema y no precisamente para avalarlo, pero en vista de la queja de Cavazos sí creemos conveniente volver al asunto, quizá desde otro ángulo para darle una respuesta [que] quizá se la haya dado el señor nuncio porque hay cosas que no se pueden encubrir ni esquivar, la verdad es la verdad, porque el clero de Tamaulipas, como cualquier otra persona sensata puede darla, no está de acuerdo con el medio de que se vale el mandatario para lograr la "excelencia" del tamaulipeco.

Ya más abierto, lo confrontó directamente:

Si hay declaraciones no desmentidas de lo que es la llamada Meditación Trascendente, el Despertar de Conciencia, Tecnología del Campo Unificado, Curso Maharishi, Psicología y quien sabe cuántos otros nombres le dan al sistema que, según el ejecutivo estatal, "…echará por tierra sus [de los tamaulipecos] telarañas mentales", no es concebible que se pueda admitir un tipo de espiritualidad oriental meliflua, dulzona y que apantalla con palabras muy sofisticadas y a las veces medio misteriosas.

Reiteramos nuestra admiración por las intenciones progresistas y humanistas de nuestro gobernador y esto sin halagar, menos con servilismo. Lo decimos en verdad y sinceridad. Aceptar lo otro, el método, el sistema, el medio, eso no. Y también lo decimos con verdad y sinceridad por las razones tantas veces expuestas por nosotros y por tantos otros en la prensa nacional y local. Y no nos metemos a juzgar ni los gestos del mandatario, ni si tiene o no por qué pirámides en su domicilio. Es cosa tan personal que nos está vedado inmiscuirnos en ello.

Lo importante es que nuestras autoridades, todas las de nuestro país, juntamente con los ciudadanos, nos dediquemos con tesón, todos a una, en el desarrollo integral de México sin ufanía, sin presunción, sin exhibicionismos ni publicidad, con la pretensión de aparecer siempre con letras de molde en los diarios y llenar planas con nuestra imagen. Hechos, hechos son los que más acreditan a las autoridades y dicen bien de los ciudadanos. Lo demás es vanidad que nada vale y el tiempo borra.

En una entrevista, el obispo remató lo dicho, recalcándole a Cavazos que en 1989, en una carta firmada por el cardenal Joseph Ratzinger y aprobada por el papa Juan Pablo II, titulada "Carta a los obispos de la Iglesia Católica sobre algunos aspectos de la meditación cristiana", se comparaba la meditación católica con la oriental y se concluía que esta última era "negativa" para el practicante.

Los cuestionamientos de la alta jerarquía católica mexicana, aunados a los del sindicato magisterial, a los de la opinión pública y a los de los demás actores políticos de la entidad, provocaron que Cavazos Lerma pusiera reversa en su intención de aplicar el curso "El despertar de las conciencias" en las escuelas públicas. El "nuevo amanecer" prometido a los tamaulipecos fue así postergado. Sin embargo, el gobernador no cejó en sus propósitos y las sesiones de meditación trascendental siguieron realizándose en el palacio de gobierno y en su casa del rancho Santa Cecilia. Y la pirámide de cristal construida en la parte trasera de su camioneta se mantuvo conectada a su asiento a lo largo de todo el sexenio.

Todavía en 1998, Cavazos Lerma intentó introducir entre los maestros diversos cursos de neurolingüística mediante la hipnosis y el regreso a etapas anteriores de la vida. El coordinador del Movimiento Nuevo Sindicalismo del SNTE, Antonio Martínez, denunció que, por medio de la Secretaría de Educación del estado, el gobernador estaba tratando de "lavar el cerebro" a los maestros de educación básica "por el mismo camino del Maharishi, tratando de mantener controladas a las bases magisteriales".

> Los instructores que están dando este curso no tienen experiencia porque son maestros como nosotros que ya lo tomaron y que ahora están reproduciendo, no es gente especialista en el tema, eso ya ha traído problemas a compañeros que lo han tomado. Con la hipnosis y las regresiones en las diferentes etapas de la vida, que se están poniendo en práctica en los cursos ya hemos tenido muchos problemas porque, por ejemplo, a una compañera le causó fuertes dolores de cabeza, al grado de hacerla gritar y no sabíamos qué hacer con ella.[18]

Este intento del gobernador también fracasó, pues los maestros que tomaron el curso de 24 horas y que pretendían aplicárselo a los alumnos rechazaron seguir adelante con el plan.

Sin embargo, hasta el final de su administración, cuentan algunos reporteros de la localidad, Cavazos Lerma mantuvo su fe en la doctrina del Maharishi y trató, una y otra vez, de convencer a Tamaulipas de que él tenía la energía suficiente para sanar con las manos a los enfermos, repitiendo así lo que llegaron a hacer Francisco I. Madero y el Niño Fidencio.

No era difícil verlo en sus giras por las rancherías más lejanas del estado, organizando largas filas de gente que acudía a las sesiones que él hacía y en las que prometía sanarlos de todos sus males con el poder de sus manos. El fanatismo de Manuel Cavazos Lerma rebasó los límites del Maharishi y llegó a tal grado que, según versiones de políticos y periodistas de la entidad, pedía jóvenes vírgenes de entre 14 y 16 años para procrear hijos, reciclando así su fuente de energía. Esto último jamás fue denunciado, pues la mayoría de los padres de las jovencitas eran pobres y estaban de acuerdo en recibir una ayuda económica a cambio de los "hijos" del señor gobernador.

En 1993, al concluir su mandato, la energía de Cavazos Lerma comenzó a desvanecerse. Atrás dejaba historias increíbles, todas las cuales tuvieron finales muy tristes. El "nuevo amanecer" de Tamaulipas nunca llegó; en su lugar, la violencia y el narcotráfico se adueñaron de la vida política, económica y social del estado.

La maestra en África

Cuando Ernesto Zedillo asumió el poder, uno de sus planes era deshacerse políticamente de la maestra Elba Esther Gordillo, quien desde el Sindicato Nacional de Trabajadores de la Educación (SNTE) le había hecho la vida de cuadritos mientras él era el titular de la Secretaría de Educación Pública.

Durante sus primeros años como lideresa del SNTE, Elba Esther Gordillo siempre había maniobrado con éxito en la complicada política nacional, en gran medida gracias al apoyo del entonces presidente Carlos Salinas de Gortari, quien, por intermedio de Manuel Camacho Solís, le proporcionó no sólo la estructura necesaria sino los recursos financieros indispensables para afianzarse en el sindicato donde hoy en día sigue entronizada.

Conforme avanzaba el sexenio de su protector, la maestra comenzó a ver la debilidad de Salinas y, tras el asesinato de Luis Donaldo Colosio, el 23 de marzo de 1994, cuando Zedillo fue elegido como candidato sustituto, Elba Esther creyó que la mala fortuna le estaba jugando una trastada. Cuando Zedillo resultó el elegido como presidente de la República, la maestra supo que su suerte estaba echada y que era el momento de hacer algo para contrarrestar los malos designios. Y no era para menos, desde el primer minuto de su gobierno, Zedillo mandó un mensaje claro a la lideresa del SNTE; palabras más, palabras menos, le soltó mediante un allegado: "Es mejor que se vaya del país".

Elba Esther sabía que el gobierno federal planeaba realizar auditorías a su persona, a la dirigencia del gremio magisterial y a sus allegados más cercanos, pues los recursos que obtenían del erario federal, gracias al fideicomiso Vivienda Magisterial (Vima), eran multimillonarios. Además, también estaba el ingreso mensual de las cuotas de maestros y trabajadores de la educación, que sumaba millones. Con todo ese dinero, el poder de Elba Esther Gordillo se había extendido sobre gobernadores, legisladores, intelectuales, periodistas y, más tarde, llegaría incluso a cubrir la presidencia de la República, como ocurrió con Vicente Fox y con Felipe Calderón.

Cuando la maestra supo que el gobierno de Zedillo indagaba en sus cuentas y en las de sus socios principales, también comprendió que estaba en peligro su poder y su libertad. De manera urgente y absolutamente fuera de sí, como mandan sus costumbres, citó a los miembros de su equipo más cercano y se los llevó fuera del país, como ha reconocido uno de sus ex colaboradores.

En el cónclave improvisado, Elba Esther y sus asesores intentaron encontrar una salida ante las amenazas que les eran enviadas desde Los Pinos, buscaban construir un escenario que los favoreciera ante la inminente crisis. Todo parecía indicar que el nuevo presidente habría de terminar con el reinado magisterial de la chiapaneca, utilizando a muchos de los dirigentes nacionales que ella misma había nombrado, quienes estaban cansados de su forma caprichosa y temperamental de dirigir el sindicato más numeroso de América Latina. Zedillo había empezado a intervenir en la dirección del sindicato quitándole a Elba Esther su fuerza de manera paulatina, la debilitaba a fuego lento, provocándole un tremendo desgaste y reduciendo los márgenes de maniobra que en otros tiempos le habían permitido presionar, chantajear y operar contra el gobierno federal.

Al no encontrar un escape político, la maestra Gordillo preparó con urgencia el que sería uno de los viajes más importantes de su vida, pues de éste dependería su futuro. Llamó a sus colaboradores más cercanos y les dijo que irían hasta un lugar lejano en África, donde buscarían una solución a la difícil situación en la que se encontraban. Tratarían, aseguró, de ahuyentar las amenazas presidenciales.

Diversos colaboradores de la maestra que han presenciado de cerca su vida pública, privada y familiar, quienes conocen sus "vicios privados y sus virtudes públicas", accedieron a contar el episodio africano, un episodio que desnuda la afición de Elba Esther a la brujería. La única condición que pusieron quienes me dieron sus testimonios fue la del anonimato. Ellos aseguran que, desde joven, Elba Esther Gordillo ha tenido una predilección por el culto negro, predilección que, cuando llegó a la dirigencia nacional del SNTE, la llevó a relacionarse con un grupo de santeros cubanos, quienes la introdujeron a las prácticas religiosas que combinan a los santos cristianos con las deidades africanas.

Durante varios años la maestra practicó la santería; sin embargo, tuvo que dejarla porque llegó a un nivel que la obligaba a portar ciertos collares, vestirse de blanco, raparse y ponerse un turbante. Si no lo hacía, comenzarían a fallar los trabajos, pues no estaría actuando de manera comprometida. Antes de quedar en evidencia públicamente, Elba Esther decidió tomar un nuevo camino; fue así como optó por el vudú y comenzó a venerar a ciertas figuras que sólo exigen un nivel menor de compromiso.

La maestra hizo el cambio porque era más práctico, no tenía que cambiar de vestimenta, pero estaba obligada a manejar un símbolo lo más vistoso posible. En una desfachatez escogió el símbolo del SNTE, lo mandó modificar y, en lugar de la imagen de un libro, puso las cartas del Tarot Reader, que es el más fuerte, el más viejo, donde se lee la vida.

El viaje a África llegó cuando Elba Esther se sentía acorralada, cuando las amenazas del poder presidencial eran terribles. La maestra no podía más que jugarse su última carta, como cuenta uno de los entrevistados:

El problema es que no se trataba de hacer un hechizo normal sino se trataba de controlar al presidente. Los hechizos funcionan por dos cosas: por quien lo cree, en ese caso ella, y por el tipo exacto de hechicería que le queda tanto a quien lo paga, como a quien le está dedicado el trabajo. Puede ser un brujo mediocre o un intermediario entre lo espiritual y lo físico, pero lo importante es escoger exactamente la receta que se necesita.

En el caso de Zedillo, para saber exactamente lo que se necesitaba y calmar sus ánimos, había que diagnosticarle su aura, sus fijaciones, todo lo que le gustaba y disgustaba. Para eso se tomaron fotos, se hizo su carta astral, y esto lo estudiaron videntes y médiums para ver sus demonios, vicios y debilidades.

Durante un año se contrató y consultó a una serie de médiums y cartomancistas, de gente que lee la mano y el aura, para que estudiaran fotos tomadas especialmente, bajo una cantidad de luz que permite que se vea el aura. Además se investigaron hasta las cosas más íntimas del presidente Zedillo y se diagnosticó que tenía ciertos temores y debilidades, que dormía poco y que tenía miedo al fracaso; encontraron que el espíritu de un animal podía apoderarse del pensamiento y la conciencia de Ernesto Zedillo, el espíritu de un león.

Esto podría parecer una estupidez o una historia increíble, pero éste es el procedimiento más eficaz para poder tener resultados ciertos en los cultos de brujería y hechicería.

Así pues, Elba Esther tenía el diagnóstico y lo único que le faltaba era saber dónde debía llevar a cabo el ritual. Fue entonces cuando se dedicó a buscar el lugar en el que le podrían hacer el trabajo con total seriedad y con el conocimiento de causa necesario, como dice también la narración de su ex colaborador:

Elba Esther Gordillo se trasladó al mercado popular de Marruecos. Ciertas amistades de Chiapas le habían dicho que la lectura de los caracoles era lo que necesitaba para encontrar a quien le ayudaría a resolver su problema. La acompañaron un par de sus principales colaboradores, que no sabían exactamente a lo que iban pero que llevaban el diagnóstico astral y una serie de fotos de Zedillo de todos los tamaños, de perfil, de frente, de cuerpo entero. La única que sabía con claridad de la misión era ella.

Según el testimonio de uno sus principales allegados de entonces, quien supo de esta historia de propia voz de uno de los actores de la misma, cuando la maestra y sus colaboradores caminaban por el callejón de las lecturas de cartas, cerca del callejón de los cafés, los increpó una persona que, con un pésimo español, les dijo: "Tú estás buscando evitar que tu emperador te mate. Conmigo está la respuesta". Y los llevó con alguien que sabía leer los caracoles.

Eran unos 18 o 19 caracolitos pequeños, blancos, casi petrificados, parecía que se fueran a romper al tocarlos. Cuando los aventaban sobre un embudo de cobre caían en la base y se formaban figuras. Lo primero que se formó fue la bandera de un país, la de Nigeria.

Quien leía los caracoles, con la ayuda de un traductor, le dijo a la maestra "que ella era una persona terriblemente mala, que los caracoles no detectaban ningún ambiente de cariño y que su vida era de venganzas y persecuciones, y que por eso había llegado hasta ahí". Durante la segunda lectura, le dijo que era un sacrilegio para su religión lo que le iba a decir porque se trataba de trabajos infernales con un alto nivel de complicación, porque su alma iba a quedar comprometida. Completamente asombrado, le aseguró que veía que a ella no le importaba lo que se le estaba diciendo.

La segunda figura que los caracoles formaron fue la melena de un león, ante la que, según nuestro testigo, el lector dijo:

Se trata del trabajo más peligroso del vudú, el sacrificio de un león vivo. Dijo que eso no era el problema sino lo que vendría después: que viviría sujeta a la vida de un animal, que no tendría una vida de raciocinio sino de instintos y que cada día que pasara eso iba a ser más fuerte. Y aventaba los caracoles y se formaba la figura de una persona rara, con una especie de penacho. Era el brujo.

En otra ocasión se formó una especie de montaña y en la última tirada se reflejaba un mandril. Fue cuando dijo que sabía dónde era: Badashat, el santuario de los brujos del vudú, los más poderosos y apegados a lo oscuro, los únicos que podían hacer el trabajo con un león. Entonces repitió que se trataba de algo muy peligroso.

Al terminar la última lectura, asombrado, quiso tocar a la maestra, explicando en un español muy malo y en un inglés pésimo, que quería tocarla porque en los caracoles no se veía reflejada su alma. Su cuerpo estaba vacío, aseguró el lector de caracoles.

Después de recibir esta información el grupo contrató un guía y se trasladó a Nigeria. Llegaron al lugar indicado al amanecer, mientras tenía lugar un ritual. Era un conjunto de bohíos sobre un terreno lleno de barrancas, donde vivían unas 100 personas en absoluta pobreza.

Cuando llegamos, el intérprete que venía con nosotros se comunicó con un ayudante del brujo. Fue muy interesante porque te das cuenta que entre la gente que se dedica a la brujería, cuando son los mejores, no preguntan mucho sino lo esencial. El ayudante le fue a decir al brujo que había unos clientes, entonces el brujo salió, se trataba de un hombre negro, pequeño, desdentado, flaco y viejo, con las manos delgadas, las orejas con aretes, una especie de penacho en la cabeza y una suerte de bastón.

Lo primero que nos preguntó fue si el trabajo que queríamos hacer era para el jefe de nuestra tribu. Y pues sí, era para que el presidente de la República no le hiciera daño a la maestra.

El trabajo costó alrededor de 45 mil dólares, asegura el ex colaborador de Elba Esther y del SNTE.

El brujo preguntó simplemente si el color de los ojos del jefe de nuestra tribu era café. Eso fue todo. Cuando la maestra le contestó, el brujo dijo —a través del intérprete— que iba a tardar un día en cazar ese tipo de león, que debería ser un macho, activo en la procreación y que hubiera pasado ya un 70% de la vida, debería, dijo también, tener la dentadura completa. Explicó que el animal iba a ser torturado y degollado, para que no muriera rápido, y que en el momento de ser desollado trataría de transportar todo su coraje, toda su energía hacia Elba Esther Gordillo.

El brujo le dio a la comitiva algunas indicaciones y los citó al siguiente día, cuando el sol se estuviera ocultando.

Al día siguiente nos presentamos siguiendo las instrucciones que nos había dado: que Elba Esther no se bañara, que no dejara caer un solo cabello y que trajera un cambio de ropa. Le dijo que si estaba reglando trajera con ella la toalla porque la iba a necesitar.

Cuando llegamos había como diez personas sacrificando al león y vimos cómo el brujo clavó un cuchillo en el ojo del enorme animal. En ese momento comenzaron a quitarle la piel entre todos, de una manera sorprendente, la pusieron sobre una piel de vaca y recolectaron la sangre.

Inmediatamente después, metieron a la maestra en una choza de paja y barro. Sin quitarle ni la blusa ni los shorts, le empezaron a untar los testículos del animal, las vísceras y la sangre, le amarraron la piel de la fiera y con las pezuñas le dibujaron diversos signos, todo esto en medio de muchos cánticos. Afuera se escuchaban los gritos de diversos animales, que nos dijeron eran mandriles. Una hora después, el brujo se caía de cansancio, parecía como si se le hubieran ido las fuerzas; se tenía que ayudar de un bastón para pegarle a la piel del león. El ritual consistía en transmitirle la fuerza del león a Elba Esther, tal vez no lo quieran creer, pero lo que se veía ahí era una transformación asombrosa. No se veía a una mujer desvalida, como llegó, sino a una mujer más fuerte.

Esta parte del ritual duró cerca de una hora, después la colocaron junto a la pared y la levantaron, poniéndola en una especie de pedestal donde no tocaba el piso. Debajo de sus pies pusieron diversas figuras de barro negro y hierbas. Le pidieron que agarrara fuerte una de las fotos del presidente Zedillo, que la abrazara y que dijera siete veces lo que deseaba.

El brujo estaba muy excitado, no dejaba de bailar, daba pasos cortos para atrás, para adelante y hacia los lados mientras cantaba. Ella se desmayó y así estuvo como una hora, sostenida de los brazos, con la piel del león amarrada al cuerpo. La sangre y las vísceras que caían al suelo se las volvían a embarrar. Era una mezcla de sangre, vísceras y lodo que olía espantoso y que atraía una cantidad impresionante de moscas, todas las cuales se posaban sobre la zalea del león, en cuyo hocico estaba la toalla sanitaria de la maestra.

Cuando despertó, Elba Esther intentó rezar, pero el brujo la abofeteó, le gritó reclamándole. Ella se enojó y también comenzó a gritarle, tratando de quitarse todo de encima. El brujo le agitó un manojo de yerbas en la cara y ella se volvió a desvanecer. Minutos después la maestra reaccionó y, en el momento en que la bajaban y le quitaban la piel de león, trató de limpiarse la sangre y el lodo, quiso borrar los signos que le habían puesto en la piel pero no pudo y comenzó a preocuparse. El intérprete nos dijo que era mejor que no tratara de quitarse nada, que el espíritu del animal ya se le había pasado y que dejara los círculos, triángulos, flechas y demás figuras que le habían hecho en la parte superior del cuerpo con la pezuña del animal. Ya después se las quitaría todas.

Todo duró como unas cuatro horas. Cuando terminó el ritual el olor era nauseabundo, insoportable. El brujo tomó una actitud de burla, se reía de nosotros. A través del intérprete le dijo a ella que no tenía idea de lo que le iba a costar esto, que no se trataba de dinero, sino que iba a pagar con lo que más le iba a doler, con lo más querido.

La instrucción del brujo —continúa el ex colaborador del magisterio— era que tenía que dejarse un día completo las vísceras que le habían embarrado y atado en los dedos, las manos y las orejas. Le dijo que no se preo upara porque después de un día se le iban a borrar solos. Y así ocurrió, al día siguiente ya no tenía nada, como si los hubiera absorbido todos.

Lo que asombró más a los acompañantes de la maestra Gordillo fue que, varias horas después del ritual, recibieron una llamada en el teléfono satelital que habían rentado previamente. "Era de la secretaría particular de la presidencia, quien dijo que el presidente Zedillo quería hablar con la maestra. Según lo que ella misma nos contó después, el presidente le dijo: '¡Güerita hermosa! Necesito hablar contigo'. El hechizo de transmisión de poder del león empezaba a funcionar."

El allegado a la maestra comenta que si es difícil creer que existan este tipo de hechos y prácticas entre la clase política, es aún más increíble lo que sucedió a continuación. Cuando Elba Esther Gordillo pagó por el hechizo la cuantiosa suma de 45 mil dólares, la mofa del brujo no se hizo esperar, éste le dijo que el verdadero costo del trabajo sería uno de sus familiares. Poco tiempo después del viaje, uno de los hijos de su hija Maricruz Montelongo, Francisco Fujiwara Montelongo, falleció de manera trágica: mientras jugaba con otros niños en el elevador del departamento en el que vivía, se desnucó al ser aprisionado por las puertas eléctricas. Desde que ocurrió esta tragedia familiar, a los nietos se les alejó de Elba Esther. Francisco era el nieto más querido de Elba Esther Gordillo, su preferido.

Más allá de lo increíble que pueda parecer esta historia, lo cierto es que el poder de la maestra Gordillo no se terminó con el sexenio de Zedillo. A partir de entonces éste aumentó hasta alcanzar niveles cada vez más y más altos, primero con Vicente Fox, cuando hizo amistad con Marta Sahagún y operó desde la Cámara de Diputados las propuestas de reformas constitucionales, y luego con Felipe Calderón, a quien, incluso antes que su partido, el PAN, le levantó la mano como ganador de la campaña presidencial de julio de 2006.

Con los gobiernos panistas, más que con los de filiación priísta, el poder de la maestra se ha acrecentado y extendido mucho más allá del SNTE. Su influencia ha alcanzado tanto a gobernadores del PRI como del PAN, llegando hasta las secretarías de Educación y Seguridad Pública, así como al ISSSTE y a la Lotería Nacional, donde ha ubicado a sus incondicionales. Es la dueña del Partido Nueva Alianza y de la Federación Democrática de Sindicatos de Servidores Públicos (Fedessp). Para algunos, Elba Esther ha concentrado tanto poder que debe ser considerada un riesgo para la seguridad nacional. El trato que tiene con los presidentes en turno es casi familiar, a todos les ha dicho "amigochos". Fue la principal operadora política de Fox y la principal aliada electoral de Calderón.

Sus allegados aseguran que sigue manteniendo vínculos estrechos con el brujo que conoció en Nigeria, aunque también practica ritos de magia negra, como el de los tambores, en el que invita a participar a sus principales colaboradores, así como a algunos aliados políticos. Sus prácticas de hechicería, magia negra y vudú son permanentes, aunque las lleve a cabo con mayor frecuencia en tiempos de crisis o cuando piensa que es momento de cubrir sus debilidades y sus vicios, sus acendrados miedos, sus temores y sus fobias. Elba Esther "Quiere que todo funcione tan bien como con el presidente Zedillo", remata su ex colaborador. Por eso se ha hecho de

111

un grupo de asesores que le leen las veladoras negras y las cartas, que le dicen quiénes son sus enemigos y contra quiénes debe revertir un mal o un hechizo. "Yo estuve presente cuando ella hizo embrujos dirigidos contra sus enemigos del sindicato, la vi hacerse experta en lectura de cartas y café."

En su casa, la maestra tiene algunas estatuillas de seres muy extraños y manzanas esparcidas por todos lados, las cuales rociaba con un líquido especial que sirve para ahuyentar las malas vibras, asegura su ex colaborador.

Un día hizo un viaje a España y trajo un mecanismo de protección. En su lujoso apartamento de dos pisos mandó construir un techo especial con un sistema móvil, gracias al cual, cuando hay luna llena, los rayos caen sobre ella y sobre su lecho directamente. Para lograrlo hizo un estudio astrológico y de topografía.

Además, su cama tiene acondicionado un sistema de canaletas por donde fluyen constante y permanentemente aguas aderezadas con ajo, que sirven para alejar a los espíritus que le quieran hacer daño. Antes ella pensaba que a través de los sueños la atacaban los demonios y que por eso tenía pesadillas tan terribles.

Nuestro testigo asegura que durante un tiempo todo esto le funcionó a la maestra, hasta que sus enemigos, entre ellos algunos brujos a los que había maltratado y no les había pagado por sus trabajos, se dieron cuenta y le echaron maldiciones más fuertes.

Le echaban en la entrada de su casa líquidos que al tocarlos con los zapatos los metía a su casa. Entonces ella empezó a sufrir una infección muy fea en los pies, sangraba, y ante esto se especializó en reforzar sus protecciones y se acercó a la Santa Muerte. Le ofreció a la Santa Muerte poner altares en toda la ciudad de México a cambio de su protección.

Todas estas prácticas de magia negra, que Elba Esther Gordillo lleva a cabo en la intimidad, han trascendido a la vida política. En el año 2000, asegura el ex subalterno de la maestra, durante la disputa por la silla presidencial, se suponía que el SNTE apoyaba al candidato del PRI, Francisco Labastida, pero la verdad era que estaba dando su apoyo a Vicente Fox. Fue entonces cuando la maestra hizo un hechizo junto con todos los dirigentes del magisterio.

Hizo que consiguieran las fotos de todos ellos, las echó en una bacinica y las orinó. Después siguió el conjuro que le dijo una de sus yerberas. A cada uno de ellos les gritaba siete veces: "¡Te someto a mi orden!" Cuando terminó, fueron a vaciar todo en la calle para que todos los días pasaran por las fotos los autos y, de esa manera, los demás líderes estuvieran sometidos a su voluntad. Lo que ella quería era que nadie se le escapara, que nadie protestara por la traición que iba a cometer al PRI y a su candidato presidencial. Al parecer, todo funcionó de maravilla, nadie se inconformó y Fox ganó.

* * *

Con el paso de los años, Elba Esther Gordillo ha sufrido grandes transformaciones. De aquella niña marginada por su abuelo Rubén Morales Trujillo en Comitán, Chiapas, de la joven que empezó dando clases a los niños indígenas de las comunidades más lejanas de su estado, a las que llegaba caminando, a la mujer que es hoy ha habido un enorme trayecto, un larguísimo camino que terminó por convertirla en la política más poderosa y rica del país.

Nadie cree que su enorme fortuna, invertida en joyas, ropa y calzado de marcas exclusivas, así como en las casas y departamentos de lujo que posee en México, Estados Unidos y

Francia, sean producto de la buena administración de los 300 centenarios que, supuestamente, en 1973 le dejó en herencia su abuelo. "Vivo muy bien y no soy un ángel... pero nunca he robado ni matado", declaró el 31 de julio de 2003 al periodista José de Córdoba, del periódico *The Wall Street Journal*.

Sobre la maestra hay muchas leyendas negras, todas las cuales se relacionan en silencio con su afición a la brujería. Por ejemplo, hay una historia que debe contarse porque da sentido a mucho de lo que la rodea. El 28 de noviembre de 2002, Teodoro Palomino, Juan José Altamirano y Ramón Couoh, ex integrantes del SNTE, presentaron denuncias contra ella por la presunta autoría del asesinato del maestro Misael Núñez Acosta. Aunque Elba Esther lo negó durante la comparecencia ante la Procuraduría General de la República, quedan muchas dudas sobre su inocencia, como también quedan sobre el origen de su riqueza. Experta en el conocimiento y el manejo de la brujería, diestra y astuta en el oficio de la política, Elba Esther Gordillo como ningún otro político mexicano ha combinado su intuición y experiencia en la ejecución del poder público hasta alcanzar la cúspide de la riqueza y el poder. Pero detrás de esta figura poderosa hay una parte de su vida que mantiene oculta y que le ha permitido trascender en su quehacer público. Sus vicios privados los ha convertido en virtudes públicas. Es una de las fuentes del poder que ejerce políticamente.

III. APRENDICES DE BRUJO

En julio de 2000 la crisis interna y de credibilidad social que el Partido Revolucionario Institucional (PRI) venía arrastrando desde hacía varias décadas se manifestó en las urnas por primera vez en 71 años, su candidato presidencial, Francisco Labastida, perdió las elecciones ante el candidato del Partido Acción Nacional (PAN), el dicharachero de imagen fresca y discurso fácil, Vicente Fox.

Para obtener la victoria, el ex gobernador de Guanajuato trajo de Estados Unidos a dos expertos en campañas electorales: Dick Morris y Rob Allyn, quienes, junto con otros especialistas en imagen, crearon la figura del político que finalmente atrajo el voto del cambio. A este proyecto también se unieron diversos empresarios, redes ciudadanas, políticos e intelectuales ajenos al PAN, así como la jerarquía católica de México. Pero los mencionados hasta aquí no fueron los únicos. Al margen de este grupo, más allá de las cámaras y escondidos en la mayor de las secrecías, operaba un grupo de personajes cuyas prácticas no habrían sido bien vistas por los políticos y los sectores de la sociedad que inventaron el argumento del cambio, un grupo que se acercaba más al esoterismo que a la ciencia política.

Este grupo manejaba la teoría de que si a Francisco I. Madero lo habían guiado los espíritus para iniciar la Revolución mexicana, ahora eran otros entes, seres galácticos y angelicales, quienes ayudarían a Vicente Fox a iniciar la "Revolución pacífica de las conciencias". El grupo del que hablamos estaba integrado por cuatro personajes que fueron fundamentales durante la campaña y los primeros años del gobierno foxista: Antonio Calvo, Alejandro Slucki, Santiago Pando y Rebeca Moreno Lara. Todos ellos incidieron en acciones públicas con sus creencias mágicas y con sus supuestos poderes metafísicos, esotéricos y cósmicos.

La llegada del PAN a la presidencia, que no trajo consigo un cambio en las prácticas políticas, no modificó muchas de las costumbres metafísicas de quienes han ocupado Los Pinos. El nuevo grupo en el poder trajo consigo nuevas prácticas esotéricas, añadiendo a la vieja tradición de un quehacer político místico las visiones del *new age*. Incluso se retomaron prácticas de magia y brujería, tal como hizo Marta Sahagún, quien llegó a realizar ceremonias al interior de la casa presidencial.

La actuación de este grupo, así como la actitud de Marta Sahagún, demuestra que no es privativo de un solo sector de la clase política mexicana, ni tampoco de un partido político, la creencia y la práctica de la brujería, la magia negra y el esoterismo. Se trata de un fenómeno que permea a una buena parte de los políticos mexicanos, como veremos en este capítulo.

BARRIO, LA CAMINATA SOBRE LAS BRASAS

Hacia finales de 1995, por todo el territorio de Chihuahua, corrió como reguero pólvora la frase que había hecho famosa el personaje del cómic *Kalimán*: "El que domina la mente, lo domina todo".

Las bromas de los habitantes del estado más grande del país, sin embargo, trataban sobre un tema serio: el programa de neurolingüística que el gobernador Francisco Barrio había impuesto a los funcionarios y a los maestros de la entidad, cuya finalidad era "crear un ciudadano nuevo para una nueva sociedad".

Entre los chihuahuenses se conocía la fe ciega que el gobernador tenía en la neurolingüística, pues la consideraba la vía indispensable para iniciar la gran transformación social de su estado. Para lograr cualquier cosa era fundamental, pensaba Barrio, cambiar los esquemas de valores de las personas.

El propio gobernador era la cabeza de este movimiento; desde sus inicios él había participado en las sesiones que impartía Fernando Arteche, un ex gerente de la Volkswagen de Guadalajara que se había convertido en instructor de neurolingüística de la noche a la mañana. En estas sesiones Arteche convencía a sus alumnos de que ellos eran capaces de hacerlo todo si lograban controlar su mente.

La reportera Olga Aragón, del *Diario de Chihuahua*, publicó el 4 de abril de 1996 un artículo sobre la participación de Barrio en una sesión especial, a la que también asistieron varios colaboradores del gobernador.

En el amplio salón del edificio gubernamental un grupo de 60 trabajadores del estado escucha atentamente, con los ojos entrecerrados, la voz del instructor de programación neurolingüística: están viviendo la experiencia de programarse positivamente para ser personas de éxito. Cada vez alcanzan un nivel más profundo de concentración mental y ya saben qué hacer al escuchar la señal del instructor: ¡Dispara tu ancla!

Al instante, todos preparan sus "anclas", es decir, se frotan las manos, aprietan los puños, hinchan el pecho, lanzan un grito, hacen cualquier gesto que sus mentes identifiquen con la sensación de poder. Y al igual que antes lo hicieron los funcionarios del gabinete, incluido el gobernador Francisco Barrio, con los ojos cerrados se dicen a sí mismos: "Yo puedo, yo quiero, es fácil y ¡lo voy a lograr!"

Y lo logran, en verdad que sí lo logran.

Mujeres y hombres, jóvenes o viejos, aun los más obesos y achacosos, logran suspender sus cuerpos horizontalmente, rígidos como tablas; casi en estado de levitación, se sostienen únicamente apoyando la nuca y los tobillos sobre los respaldos de dos sillas, y quedan suspendidos a medio metro del suelo.

Todos pudieron hacerlo —la señora que atiende la ventanilla recaudadora, el anciano que estampa sellos en oficios y más oficios, la joven secretaria y el mensajero de la oficina—, al igual que el gobernador, el director de finanzas, el procurador de justicia, el director de comunicación social y cada uno de los funcionarios del estado.

Los rostros se iluminan, la emoción se desborda.

El gobernador Francisco Barrio ya había participado en otras sesiones, una de las cuales había sido particularmente increíble, pues se había demostrado el apotegma de Kalimán. Para mostrar que controlaba su mente, el gobernador panista había caminado sobre brasas ardientes, sin que sus pies sufrieran ninguna quemadura.

Para los chihuahuenses esta historia no podía ser más que verdad, aunque no había forma de comprobar si Barrio había participado en este ritual —que representa la última prueba de quienes se van a graduar del curso de programación neurolingüística—. Lo cierto es que el gobernador estaba convencido de las bondades de este medio terapéutico. Un medio que, por cierto, ya había fracasado en Estados Unidos a fines de la década de 1980.

Barrio entró en contacto con la neurolingüística, al parecer, por varios medios. Desde 1988, cuando era parte del movimiento religioso carismático, se había conectado con algunos instructores de la terapia, como el sacerdote carmelita de Guadalajara, Luis Jorge González, autor de unos 15 libros sobre la materia, quienes en México empezaban a impartir cursos entre diversos grupos de la Iglesia católica.

Como gobernador de Chihuahua, al concluir su primer año de gobierno, en un viaje a Alemania (sus hijas iban a estudiar en aquel país), Barrio tomó un seminario sobre la materia. Meses después, en febrero de 1994, se entrevistó en Houston con el fundador de Programación Neurolingüística, John Grinder.

Un año más tarde, hacia finales de 1995, su esposa, Hortensia Olivas, asistió a un seminario impartido por Fernando Arteche en el Instituto La Salle de Chihuahua. Tras el primer curso ella salió maravillada y, casi de inmediato, le contó al gobernador lo que había escuchado, convenciéndolo de entrar en contacto con el instructor.

Eloy Morales Fong, entonces vocero del gobierno estatal, en una entrevista con el reportero Manuel E. Aguirre del periódico *El Norte*, publicada el 28 de abril de 1996, dijo que también él fue uno de los que tuvo conocimiento de la existencia de la neurolingüística y una de las personas que convenció a Barrio de que lo retomara durante su gobierno.

La historia es muy especial. Yo tengo un amigo aquí en Chihuahua, que es apartidista y que le caemos muy bien por alguna razón; entonces, cuando el gobernador habla de que estamos en una situación de desastre, él me habla por teléfono y dice: "Oye, a mí me encantaría que pudiéramos modificar nuestro lenguaje, que en lugar de hablar de estado de desastre, que habláramos de estado de oportunidad".

—¿Quién es ese amigo?

—El licenciado Arturo González. Es abogado, vino a platicar conmigo y fue al primero que escuchamos hablar de la programación neurolingüística. Después viene una persona de Guadalajara, Fernando Arteche, a dar unos cursos de programación neurolingüística al Instituto La Salle, invitan a la señora Barrio que toma ese primer curso, le gustó mucho y le platicó al señor gobernador.

Yo había comentado con Barrio este asunto y la señora Barrio le platicó también. Entonces el señor gobernador se ve interesado y me dice: "Tú ya me habías hablado de este asunto y Tencha quiere que yo tome este curso que porque dice que es muy bueno para reflexionar".

El gobernador dijo: "Yo no sé qué es esto, pero puedo hablar muy bien de la programación neurolingüística". Me dijo: "Cómo no me haces un favor, me están ofreciendo gratis que vaya a la Ciudad de México cinco gentes nuestras para que tomen este curso y si es bueno, lo damos a los empleados del gobierno del estado".

Entonces yo llevé a gente por demás extrema del gabinete, los más difíciles de creer y a los más emotivos y propositivos. Entre estos últimos pues ahí me incluyo. Fuimos Jesús Robles Villa, Enrique Terrazas, Elías Saad y Eloy Morales, quedamos convencidos de que es un buen programa, son herramientas utilizables inmediatamente que escuchas y terminas el curso. ¿Para qué? Primero para que te conozcas mejor, que te puedas comunicar contigo mismo; segundo, para que te puedas comunicar con los demás; tercero, de desarrollo personal extraordinario y, además, entra en un marco de valores extraordinario.

Fue así como comenzó la aventura neurolingüística del segundo gobernador que tuvo el PAN, Francisco Barrio, calificado por sus propios compañeros como uno de los primeros líderes de oposición con capacidad para derrotar al PRI.

Miembro distinguido de "los Bárbaros del Norte" —grupo en el que también estaba Manuel J. Clouthier—, Barrio hizo suya la técnica de comunicación desarrollada por la terapeuta Virginia Satir, el lingüista John Grinder y el ingeniero en sistemas computacionales Richard Bander, quienes se dedicaron a investigar y reproducir los patrones de conducta de las personas triunfadoras.

El gobernador aplicó este programa de "superación personal" durante una época de crisis económica en la que la entidad había enfrentado tres años seguidos de sequía, la cual afectó los campos de producción agrícola de todo el estado. También eran tiempos de crisis política, pues a pesar de que en las elecciones de 1992 el PAN había ganado la gubernatura y las principales ciudades, en las elecciones de 1995 había perdido la mayoría de éstas, así como la mayoría del Congreso estatal. Por si esto fuera poco, la imagen de Barrio enfrentaba un fuerte desgaste pues, desde 1993, había empezado a denunciarse el feminicidio en Ciudad Juárez y ni el gobierno municipal ni el estatal daban muestras de capacidad para enfrentar este fenómeno criminal.

La neurolingüística devino entonces una oportunidad para el gobierno de Barrio y una posibilidad para convencer a propios y extraños de que la situación no era tan mala, infundiendo, de paso, la confianza necesaria en la población.

Una vez que los enviados del gobernador regresaron de la Ciudad de México, tras tomar el curso, durante los primeros seis meses de 1996 se impartieron los cursos de la neurolingüística a más de diez mil personas —seis mil 500 burócratas y tres mil 500 maestros—. En todo el estado se comenzó a hablar de la nueva técnica de psicología aplicada, cuya meta era coadyuvar a la superación personal y a la excelencia en la comunicación; no importaba que diversos especialistas la catalogaran entonces de "una forma merolica de conductismo moderno". El Ejecutivo del estado había puesto todo su empeño y todos sus recursos materiales y económicos

121

para que la neurolingüística entrara a Chihuahua lo más rápido posible.

Lo siguiente que hizo Barrio fue autorizar que un grupo de 117 funcionarios y empleados de confianza de las diversas dependencias del gobierno recibieran un seminario de capacitación impartido por Fernando Arteche, para que pudieran desempeñarse como instructores de los cursos que duraban entre 12 y 16 horas. Después de que los 10 mil empleados y maestros hubieran tomado el curso señalado, el diputado priísta José C. Silveyra presentó una denuncia en la que aseguraba que, por el costo de los cursos, el gobierno del estado había gastado cerca de cinco millones de pesos.

Pero la denuncia no le importaba a Barrio; para cuando ésta llegó, el lema de la neurolingüística, "Yo quiero, yo puedo, es fácil... ¡lo voy a lograr!", ya se escuchaba en todas las oficinas y aulas del estado, y comenzaba a oírse en las calles y en los centros de reunión. Ya fuera en broma o en serio, todos los chihuahuenses comentaban el programa social del gobernador, en el que se repetía cual mantra la idea principal.

> Si tú crees que puedes, tienes razón. Y si crees que no puedes, también tienes razón [...] La sensación de poder sale por cada poro de tu cuerpo. Inunda este salón, llena toda la ciudad de ese triunfo tuyo y... en ese momento ¡dispara tu ancla! Siente el poder, captura la sensación de poder.

Al terminar los cursos, que duraban poco más de 12 horas y eran impartidos en dos días consecutivos, los participantes recibían un título firmado por el gobernador, en cuyo membrete podía leerse la misma frase que se escuchaba por todo el estado: "Yo quiero, yo puedo, es fácil....¡lo voy a lograr!"

Los funcionarios del gobierno, principalmente el vocero de la administración de Barrio, Eloy Morales, defendían con uñas y dientes la iniciativa del Ejecutivo estatal, a pesar de las fuertes críticas que ésta comenzaba a generar. En una entrevista publicada el 4 de junio de 1996 por el *Diario de Chihuahua*, Morales aseguraba:

> La programación neurolingüística es una extraordinaria técnica para el desarrollo personal, sirve para lograr la excelencia en la comunicación, ayuda a la persona a conocerse mejor y comprender a los otros; proporciona herramientas para alcanzar el éxito a través de la programación autosugestiva que inculca en el inconsciente la convicción de que es posible lograr cualquier cosa que otra persona haya logrado.
>
> La programación neurolingüística ratifica los valores universales importantes para la superación humana. No es una tendencia esotérica, no es hipnosis, ni es una ciencia oculta relacionada con magia negra o la magia blanca.
>
> El gobierno imparte estos cursos sin finalidad política ni ideológica, sólo motivado por el deseo de que los servidores públicos puedan establecer mejor relación con la sociedad y realicen su trabajo con buen ánimo, pues sólo quien es feliz puede transmitir felicidad.

El programa de Barrio trascendió su estado y se hizo tan popular entre la gente de su partido que Carlos Castillo Peraza, entonces líder nacional del PAN, lo rebautizó con el nombre de "neurolingüística barriana", durante un acto realizado en Chihuahua. Ese día el líder del panismo anunció que el programa también se implementaría entre los integrantes del comité nacional de su partido. Por su parte, en Jalisco, el gobernador Alberto Cárdenas y el presidente municipal de Guadalajara, César Coll Carabias, anunciaban que promoverían los cursos de neurolingüística.

Sin embargo, pronto empezaron a surgir las críticas entre la opinión pública; primero fueron los profesores que habían asistido a los cursos y después los padres de familia, quienes se dijeron preocupados por la manipulación a la que podrían estar expuestos sus hijos en las aulas. El 20 de mayo de 1996 se publicó, en los principales diarios de Ciudad Juárez, una carta firmada por 212 padres de familia, quienes se quejaban de la intención de implementar este programa en las aulas. Denunciaban que durante los cursos se incluían mecanismos de control y manipulación del subconsciente, además de hipnosis. Aun así, las peores críticas vinieron de parte de los propios impulsores de la programación neurolingüística, quienes acusaron a Fernando Arteche de ser "un charlatán".

Los profesores Rodrigo Yáñez Aróstegui y Cesáreo Valles, este último secretario general de la sección 8 del sindicato magisterial, denunciaron el 4 de junio de 1996 en el *Diario de Chihuahua* que en los cursos impartidos por los instructores del gobierno, a la neurolingüística se le daba una orientación ideológica afín al proyecto de Francisco Barrio. Confirmaron que, efectivamente, se utilizaban mecanismos de control mental e hipnosis "promoviendo el individualismo, los valores eficientistas de calidad total y diversos conceptos ideológicos negativos". El profesor Yáñez aseguró:

> Por ejemplo, a lo largo del curso se insiste en que los mexicanos somos una raza inferior dominada por vicios y defectos, aunque podemos llegar a ser tan exitosos como los ingleses, japoneses y alemanes, si nos programamos positivamente para actuar como triunfadores.

La defensa de Eloy Morales no se hizo esperar, en pocos días negó todo lo dicho, asegurando, además, que los cursos no se querían utilizar para cambiar la imagen del gobierno de Francisco Barrio o para alcanzar algún objetivo político o ideológico.

Creo que le están buscando tres pies al gato o, como dicen en mi tierra, quieren encontrarle chichis a las víboras. La única intención del gobierno al impartir los cursos de programación neurolingüística es brindar a los burócratas herramientas útiles para su desarrollo personal e inculcar valores universales que ayuden al individuo a lograr metas de largo plazo, a ser feliz y a trasmitir felicidad.

La reportera Olga Aragón cuestionó al funcionario sobre las razones que llevaban al gobernador a impulsar los cursos.

Porque el gobernador siempre ha pensado que para poder cambiar una sociedad es importante cambiar primero el esquema de valores de las personas, es decir, para realizar el gran cambio de la sociedad es necesario transformar primero al individuo. Y estos cursos contribuyen a lograrlo: aportan técnicas para programar la mente inconsciente a fin de crear o rectificar actitudes, habilidades y destrezas de manera inmediata. Contribuyen a lograr la excelencia en la comunicación interna, ayudan a la gente a ser más feliz y, por lo tanto, a trasmitir felicidad.

—¿En qué beneficia a la sociedad que el gobierno del estado imparta estos seminarios a burócratas y maestros?

—Si un servidor público es feliz y puede comunicarse mejor consigo mismo, entonces puede brindar mejor trato a los demás.

La lógica del vocero era elemental. Para él no quedaban dudas de que el gobernador buscaba eficientar las políticas públicas y que sus gobernados pudieran alcanzar la felicidad. Desde esa perspectiva, no le resultaba nada difícil justificar los gastos de tan noble programa: "Nomás lo que cuestan las galletas, unos cuantos refrescos y un poco de café".

Pero las críticas contra el instructor Fernando Arteche harían que todo se complicara, más cuando éste fue atacado,

ni más ni menos, que por su maestro, Edmundo Velasco
Flores, quien aseguró, en una entrevista publicada por el
Diario de Chihuahua el 8 de junio de 1996, que era inconce-
bible que el gobernador Francisco Barrio se hubiera dejado
sorprender de manera tan fácil por tantos "charlatanes".

Definitivamente tienen razón los padres de familia de Juárez
que piden al gobierno suspender inmediatamente los cursos de
neurolingüística, porque ciertamente están siendo impartidos
por personas no capacitadas y carentes de ética, que al someter
a la gente a ejercicios de control mental o de hipnosis, pueden
provocarle un fuerte estado de confusión cuando descubren que
los modelos de neurolingüística que se les inculcaron chocan
con la realidad.

Me enteré de la controversia que han desatado los cursos del
gobierno y comprendí que se está cometiendo un gran fraude
contra la sociedad chihuahuense, así como también me pareció
sumamente extraño que el gobierno no investigara sobre la calidad moral y profesional de la gente que está contratando para
impartir estos seminarios. Si Arteche no está capacitado para impartir seminarios de neurolingüística, no quiero pensar qué están
haciendo las 120 personas que él supuestamente capacitó como
instructores.

Edmundo Velasco era representante en México y América
Latina de John Grinder, creador de la programación neurolingüística, con formación en psicología y maestro de Arteche
en Guadalajara, quien tomó los cursos mientras trabajaba
como gerente de ventas en una agencia de automóviles.

Lo conozco, desgraciadamente fue mi alumno en 1993 y me
consta que ni siquiera alcanza el grado de practicante de neurolingüística, el cual se adquiere tras una capacitación de ocho

meses. Para ser instructor se requiere haber pasado antes por esa capacitación inicial y por una preparación de dos años para adquirir el título de master. Arteche, repito, sin ser ni siquiera practicante fue dominado por la ambición desmedida, plagió todas mis ideas y se lanzó por su cuenta a engañar incautos.

Para entonces, Arteche ya había cobrado fama, en gran medida porque se presentaba como el impulsor de esta técnica maravillosa, como alguien capaz de mover montañas, en los programas de Televisa *Hoy con Daniela* y *En vivo*, dirigidos por Daniela Romo y Ricardo Rocha, respectivamente.

Creo que el gobernador actuó de buena fe y fue sorprendido, pero eso no le exculpa ya que debió investigar previamente quién es Fernando Arteche y comprobar que esa persona no está preparada para impartir cursos de neurolingüística a nadie, mucho menos para capacitar a funcionarios como instructores.

Por aquellos días, el doctor Velasco incluso mostró públicamente una carta de John Grinder en la que éste le pedía a Arteche que negara cualquier relación con él y en la que le reprochaba el mal uso que estaba haciendo de la neurolingüística. Velasco aseguró que los riesgos que corría la gente que había tomado el seminario impartido por Arteche, así como por los instructores preparados por éste, eran los de sufrir una gran confusión mental.

Si no se les explica adecuadamente los modelos de la neurolingüística y cómo pueden ayudarles a enfrentar problemas de la vida, se presenta una situación totalmente paradójica donde el propio modelo "tú puedes lograrlo", les causa gran confusión al verse confrontado con la realidad. Además, si se practican ejercicios de control mental e hipnotismo, el daño puede ser mayor, porque, efectivamente, para practicar la hipnosis se requiere capacitación y autorización conforme a normas médicas internacionales y puedo afirmar que esa preparación no la tiene Arteche.

Los cursos de programación neurolingüística se suspendieron en 1995, el mismo año que el país entero sufrió la peor crisis económica de su historia reciente, producto de una serie de errores encadenados entre el gobierno saliente de Carlos Salinas de Gortari y el entrante de Ernesto Zedillo. Miles de familias, tanto en Chihuahua como en el resto del país, perdieron todo su patrimonio de la noche a la mañana y hubo quienes se suicidaron al no poder encontrar una salida. Ante esta realidad, nada pudieron hacer los cursos de neurolingüística, a pesar de que buscaban programar la mente para hacer todo lo que uno quisiera.

Todavía a finales de 1997, Francisco Barrio defendió su decisión de difundir los cursos de neurolingüística. "Son cosas que duran lo que dura cualquier tolvanera", respondió molesto ante las críticas.

EL MISTICISMO DE MARTA

Marta María Sahagún Jiménez es reconocida como una mujer ambiciosa, capaz de todo. Tanto que a pesar de haber sido educada en un ambiente familiar y religioso sumamente conservador, nunca se detuvo para utilizar todos los instrumentos que tenía a la mano, incluso la brujería, hasta conseguir el poder que deseaba.

Desde pequeña, en Zamora, Michoacán, Marta mostró un carácter fuerte y unas enormes ansias de poder. En una ficha confidencial, elaborada en 2002 al parecer por el Centro de

Inteligencia y Seguridad Nacional (Cisen), en la que se cuenta su historia personal, familiar y política, su perfil psicológico es definido como el de una mujer "soñadora, insegura, crédula". Desde el principio, el expediente destaca los "puntos débiles" de Marta: su tendencia al "misticismo religioso" y su "ambición política creciente". De sus "puntos fuertes" resaltan que es una mujer "tenaz, resistente y perseverante".

Identificada como "Cisne", el órgano de espionaje de la Secretaría de Gobernación destaca sobre todo su ambición, disfrazada de terquedad, que ella incluso reconoció en las entrevistas que se le hicieron en 2002, cuando era la esposa del presidente de la República.

—¿Eres terca?

—¡Sí lo soy! —dice con una carcajada—. Pero yo digo que soy constante… Cuando algo me propongo, lo logro. Y no hay quien me detenga. Sin menospreciar mis limitaciones y enormes defectos. Es parte de mi formación con las teresianas: ver cuáles son tus fallas.

Estos deseos, este ímpetu por alcanzar los máximos peldaños del poder, se potenciaron desde que decidió meterse a la política, en 1988. En el Partido Acción Nacional fue consejera nacional y estatal, secretaria de Promoción Política de la Mujer y responsable de Organización del Comité Ejecutivo del PAN en Guanajuato. En 1994 fue candidata a la presidencia municipal de Celaya pero perdió. Por aquellas mismas fechas, según la prensa del estado, se relacionó con el Movimiento *Regnum Christi*, de los Legionarios de Cristo.

Ese mismo año conoció a Vicente Fox y abandonó su matrimonio, iniciando una relación de conveniencia con el entonces gobernador de Guanajuato, quien le prometió que, de llegar a la presidencia de la República, ella tendría un lugar privilegiado a su lado. En el camino se encontró con varios obstáculos y para quitárselos de encima no dudó en utilizar embrujos, a pesar de que éstos iban en contra de la formación católica en la que se crió.

Marta Sahagún fue educada en diversas escuelas de monjas, como la Congregación de Teresianas de Zamora, el Colegio América en Michoacán y, en la adolescencia, el colegio católico San José de Cluny de Irlanda, donde estudió inglés. Tuvo una formación conservadora, en términos religiosos, pues nunca dejó de asistir a las misas dominicales para redimir sus pecados. De su boca siempre salía un "¡Dios!" al expresarse, y nunca dejó de utilizar la frase de Santa Teresa de Jesús "aunque me muera, aunque no pueda, aunque reviente, aunque no quiera" como fuente de inspiración.

Esta fuerte influencia católica venía de su familia. Su padre, Alberto Sahagún de la Parra, era católico aunque liberal, y tuvo cuatro hermanos sacerdotes: Jesús Sahagún de la Parra, obispo emérito de Lázaro Cárdenas, Michoacán; Alfonso, fundador del semanario *Guía de la Parra*; José Luis, padre de la iglesia de San Francisco y rector de la Universidad Vasco de Quiroga de Uruapan, y Julio, quien dejó la orden jesuita para casarse con una exmadre superiora.

Además, Marta Sahagún fue integrante de la congregación de ultraderecha los Legionarios de Cristo. Durante ocho años fue su tesorera y tuvo tratos directos con su fundador, el padre Marcial Maciel Degollado, quien siempre estuvo involucrado en casos de abuso sexual contra seminaristas.

A pesar de su formación sumamente conservadora, la ex primera dama no tuvo empacho en acercarse a la corriente del *new age* y, aún más, en practicar la brujería, con tal de escalar los peldaños del poder.

Su acercamiento al *new age* y a la corriente de la superación personal se dio mediante uno de sus autores favoritos, Deepak

Chopra, médico hindú que ha escrito sobre espiritualidad y sobre el poder de la mente en la curación médica. En uno de sus libros, *Las siete leyes espirituales*, Chopra mezcla la física cuántica y las escrituras tradicionales indias como el *Ayurveda*, los *Vedanta* y el *Bhagavad Gita*. Chopra asegura haber descubierto el secreto para convertir los sueños en realidad: basta seguir, asegura, las siete enseñanzas o principios con los que se puede alcanzar el éxito, tanto material como espiritual, en todas las áreas de la vida. Éstas son la ley de la potencialidad pura; la ley de dar; la ley del karma o de causa y efecto; la ley del menor esfuerzo; la ley de la intención y el deseo; la ley del desapego, y la ley del dharma o propósito de la vida.

Chopra, según su biografía oficial, a principios de la década de 1980 se incorporó al movimiento religioso de la meditación trascendental, liderado por el Maharishi Mahesh Yogi, el mismo a quien seguía el ex gobernador de Tamaulipas, Manuel Cavazos Lerma.

Mezclando los principios católicos del sacrificio y los de Deepak Chopra, Marta Sahagún hacía gala de su tenacidad y entrega, primero en comunicación social del gobierno de Guanajuato y luego en la residencia oficial de Los Pinos. Siempre, por supuesto, al lado de Vicente Fox, junto a quien le gustaba practicar otras artes: el esoterismo y la brujería.

Olga Wornat, la polémica periodista argentina, en su libro *La Jefa*, retrata un episodio que nos proporciona el primer dato sobre las prácticas de Marta, un dato que nunca fue desmentido ni por quien se convirtió en la pareja del presidente ni por éste. Aunque Marta ya era la esposa de Fox y tenía una enorme influencia en la toma de decisiones de su marido, no lograba deshacerse de los celos que la atormentaban cuando pensaba en los colaboradores cercanos al presidente y en Lillian de la Concha, ex esposa del mandatario.

Una noche de fines de diciembre de 1997 llegó a su casa después de pasar la tarde con Vicente. El ranchero le había jurado que con Lillian no tenía nada más que ver, que estaban divorciados y que si llegaba a ser presidente, ella iba a trabajar con él, en un lugar de importancia. La amaba; era feliz. Igual había problemas. Los amigos de Vicente Fox la odiaban y hacían todo lo posible por quitársela de encima. Sobre todo Lino Korrodi y José Luis González y una parte del gabinete de Guanajuato. Un día Tere (su peluquera y la mujer de más confianza) fue testigo de una hemorragia que atacó a Marta, producto de los disgustos y el estrés por los cuentos que "esa gente" metía en la cabeza de Fox.

Sin embargo, estaba segura, con esa convicción que le daba la fe religiosa, las recetas mágicas de los libros *new age* y los de Deepak Chopra, de que sería ganadora. Se sentía a un paso de la puerta grande.

Un día trajo a una bruja de Salamanca que le habían recomendado como "muy buena". La mujer llegó a su despacho y permaneció —según testigos— toda la tarde. Marta consiguió fotografías de José Luis, "el Bigotón", González, y de Lillian, sus enemigos más importantes. Se encerraron en el baño con Gina Morris y allá permanecieron haciendo todo lo que la mujer les indicaba, mientras desde afuera se olía a humareda que se filtraba por debajo de la puerta de la habitación. "Hicieron una fogata con las fotos de los dos."

Un ex colaborador de Marta Sahagún asegura que Gina Morris fue la principal asesora esotérica de la ex primera dama. Desde Guanajuato, época en la que se integró al equipo de la entonces vocera estatal, ella era la encargada de traer a los brujos y brujas que le hacían los trabajos para acercarse más a Fox o para deshacerse de sus enemigos.

Uno de los trabajos que Marta pidió consistió en poner sobre las fotos de sus enemigos una tarántula viva, la cual era ensartada a la imagen y quemada junto con ésta, recuerda un ex asesor de Sahagún, quien ha pedido reservar su nombre. Los enemigos de Marta fueron muriendo uno a uno o haciéndose a un lado en el camino que llevaría a Fox hasta la presidencia de la República.

Desde 1997, Marta Sahagún y Vicente Fox Quesada habían traspasado la línea de la amistad, convirtiéndose en pareja sentimental en secreto. Ambos hicieron un viaje a China y, al regreso, su relación de trabajo y amistad se había transformado. Hasta ese entonces, el romance era parte de su vida privada, pero un día, a finales del año mencionado, Vicente Fox le hizo la promesa a Marta de llevársela con él a Los Pinos. La promesa rompió la intimidad y se convirtieron en una pareja que buscaría gobernar junta el país.

A partir de 1998, el gobernador de Guanajuato dio los primeros pasos en su proyecto presidencial y formó un equipo integrado, entre otros, por Lino Korrodi y José Luis, *el Bigotón* González, quienes al lado de su ex esposa, Lillian de la Concha, se convirtieron en los principales enemigos de Marta Sahagún.

Ese año el *Bigotón* González fundó la asociación Amigos de Fox y, junto con Korrodi, se volvió uno de los principales operadores financieros de la campaña presidencial de Vicente. Así pues, él conocía los secretos más recónditos de los empresarios mexicanos y extranjeros que habían apoyado al gobernador de Guanajuato durante la carrera presidencial. Sin embargo, al inicio de la campaña, González dejó el trabajo pues tuvo una agria discusión con Fox por el protagonismo de Marta Sahagún. Evidentemente, Vicente prefirió a Marta que a su amigo de la infancia.

Tres años después, el *Bigotón* González tuvo un accidente mortal. Al empresario le encantaban las motos y era un experto en su manejo. El sábado 15 de noviembre de 2003, poco después de comer, salió de su casa en Valle de Bravo, Estado de México, y la avisó a su familia que iría a dar "una vuelta". Un testigo dijo que iba a una velocidad de 50 kilómetros por hora, aproximadamente, cuando se le voló el sombrero y, por tratar de recuperarlo, perdió el control de su Harley-Davidson, yéndose al fondo del barranco; murió instantáneamente.

Por su parte, Lillian de la Concha, otro de los obstáculos de Marta, también fue separada totalmente de la vida de Fox. Los constantes pleitos con Marta y la disputa por el cariño de los hijos de Fox, la obligaron a apartarse de la casa presidencial. Sobre todo cuando Fox ganó la presidencia y Marta consiguió casarse con el presidente de la República, el 2 de julio de 2001. A partir de entonces, Lillian de la Concha se fue a Italia con una de sus hijas, Paulina, en una especie de retiro político.

LAS VITAMINAS DEL PRESIDENTE

Antes de casarse, las colaboradoras de Marta Sahagún veían cómo su jefa se consumía en la desesperación, no lograba amarrar su boda con Vicente Fox, una boda que planeaba desde que estaban en Guanajuato.

Durante los meses de la transición, el equipo de Vicente Fox se concentró en un hotel de Olegario Vázquez Raña para trabajar el programa del gobierno del cambio. En ese lugar, Marta aceptaba todos los trabajos que le llevaban, le daba lo mismo que fuera lectura de cartas que "velas para enamorados" o "limpias". Estaba desesperada. Fue entonces cuando Gina Morris la acercó a un personaje que se hacía llamar "Padre Campos", quien le ofreció hacerle las limpias y los hechizos necesarios para "amarrar" a Fox.

Ex miembros del equipo foxista, conocedores de primera mano de la vida de Marta Sahagún, hablan de esta parte de la vida de la ex primera dama, quien convirtió en una "virtud pública" sus creencias privadas cuando aplicó los hechizos para beneficio de su proyecto político. Lo que quería era casarse con Fox y catapultarse después a la candidatura presidencial.

El "Padre Felipe Campos", coinciden varias fuentes consultadas, es un santero cubano que se hacía pasar por obispo suplente de Puebla, argumentando que se había alejado de la Iglesia católica porque se había peleado con el cardenal Norberto Rivera por el manejo de las recaudaciones. Cuando alguien le preguntaba cómo era posible que un sacerdote hiciera trabajos de hechicería, el "Padre Campos" explicaba que sabía de limpias y leía las cartas "porque todo sacerdote que se digne de serlo tiene que aprender de todo, incluso cosas de la magia y la hechicería para combatirlas".

El supuesto sacerdote, que al final terminó siendo curandero y santero, cobraba cinco mil pesos por cada sesión que realizaba en la habitación del hotel donde pernoctaban Marta y Vicente. Quienes lo vieron trabajar recuerdan que lo mismo leía las cartas que hacía limpias a Marta, con el objetivo de quitarle las malas vibras que traía encima. Fueron varios meses los que "trabajó" para la entonces vocera de Fox, quien no dejaba de quejarse "¡Con Vicente no pasa nada!"

Una vez —recuerda uno de los allegados a Marta—, le dijo que pusiera un huevo con una cinta roja amarrada y una cruz de ocote debajo del colchón donde dormía. Le aseguró que esto le ayudaría a conquistar a Fox. Pero tampoco eso funcionó.

Cuando tomó posesión como presidente de la República, el primero de diciembre de 2000, Fox se fue a vivir con Marta a la cabaña hecha especialmente en Los Pinos para la pareja presidencial. Hasta ese lugar llegó el "Padre Campos" para continuar con los trabajos del "amarre". El equipo de Marta, integrado en su mayoría por mujeres jóvenes, recuerda las asiduas visitas de este personaje de baja estatura, con quien Marta y Gina Morris se encerraban en la cabaña durante horas.

En una de estas ocasiones, narra un ex colaborador de Marta que pidió el anonimato, cansada de los nulos resultados, la vocera presidencial le pidió que le diera un remedio definitivo porque veía que Fox no se decidía a casarse.

Fue entonces que el Padre Campos le pidió 20 mil pesos para traerle una pócima especial. Días después regresó con una botella de plástico y un líquido, pero le pidió a Marta que le diera muestras de su sangre y algunos cabellos de sus partes íntimas para hacerlos polvo y agregárselos a la pócima. Cuando ya tenía todo se lo entregó y le pidió que le diera unas gotas diarias al presidente.

Le pregunté al entrevistado si se trataba de toloache, a lo que me contestó:

Yo creo que sí. Marta ponía el líquido en pequeños goteros y decía que eran las "vitaminas" del presidente para no provocar sospechas en el Estado Mayor Presidencial. Todos los días le ponía sus "vitaminas" en el jugo, el café o en el agua para que Fox se las tomara. El "Padre Santos" cada mes le renovaba la botella y cobraba 20 mil pesos, pero luego pedía más y más dinero, hasta consiguió que le comprara un departamento frente a lo que era el edificio de Banobras, por el rumbo de Tlatelolco.

Aun así, Marta seguía machacando y exigiendo resultados. Ante cada petición, el "Padre Campos" prometía que en julio de ese año se casaría, que no desesperara, que le siguiera dando sus vitaminas, incluso frente a los ojos vigilantes del Estado Mayor Presidencial.

Fue precisamente el 2 de julio de 2001, a las 8 de la mañana, cuando el juez vigésimo séptimo del Registro Civil, Gustavo Lugo Monroy, celebró el casamiento civil de Vicente Fox y Marta Sahagún. No hubo invitados a la ceremonia realizada en Los Pinos, sólo asistieron como testigos Alberto Sahagún de la Parra y Mónica Jurado Mayacote, padre y nuera de Marta, así como los señores José Luis Fox Quesada y Luz María Lozano Fuentes, hermano y cuñada de Vicente Fox. La foto del casamiento, que mostraba a dos novios besándose como adolescentes, fue distribuida por la oficina de prensa de la presidencia de la República y de inmediato causó revuelo en todo el país. Se confirmaba lo que todo el mundo sabía y que sólo la pareja presidencial creía que seguía siendo un secreto.

El primero en felicitar al presidente Fox y a su nueva esposa fue el mandatario español José María Aznar, quien se encontraba de visita oficial en México: "El señor presidente de la República se ha casado esta mañana, con lo cual triples felicitaciones y además eso está muy bien, lo de casarse y, además, casarse temprano para aprovechar el tiempo como es debido, casándose a las 8 de la mañana".

Marta estaba radiante. Había conseguido su propósito pese al rechazo de los hijos de Fox, principalmente de Ana Cristina, con la que no podía verse ni en pintura. Ahora pedía a todos que la llamaran Marta Sahagún de Fox.

Conseguido el objetivo, el "Padre Campos" dejó de asistir a Los Pinos. Gina Morris también se alejó, luego de un pleito con Marta. Gina Morris fue designada enlace de la

Coordinación General de Comunicación Social y Vocería de la Presidencia de la República ante la Secretaría de Economía, dentro del Proyecto APEC (Foro de Cooperación Económica Asia-Pacífico). Pero no pasó mucho tiempo antes de que la principal colaboradora de la primera dama pidiera perdón y regresara a la residencia oficial. Con ella volvió el "Padre Campos", quien para entonces ya se había mudado al departamento que le había regalado Marta Sahagún.

A partir de entonces, Gina fue la encargada principal de acercarle brujos y curanderos a Marta Sahagún de Fox, que ahora tenía como nuevo proyecto conseguir su candidatura presidencial. Uno de los ex colaboradores de Marta aseguró que ella no sólo "llevó a los brujos sino que también practicaba la brujería. En su escritorio siempre tenía velas y manzanas para alejar las malas vibras. En el baño de su oficina tenía más cosas: una especie de altar con estampas de santos, imágenes raras, animales disecados, vasos con agua y, debajo de los recipientes, fotografías de gente". "¿Hicieron ritos dentro de Los Pinos?", pregunté al ex colaborador de Marta: "Sí, era evidente que los hacían. Cuando llegaba el 'Padre Campos' se apartaban y se metían en la cabaña presidencial. Nadie más estaba autorizado a entrar."

Las brujerías de Marta, que por un tiempo fueron un secreto, para entonces eran conocidas por el personal de la residencia presidencial y por el Estado Mayor Presidencial, que en varias ocasiones descubrió al "Padre Campos" vestido con una túnica blanca, haciendo sus ritos en los jardines presidenciales durante las noches. En una ocasión, asegura un ex colaborador del gobierno foxista, se vio al "Padre Campos" vestido con una túnica blanca, como si fuera obispo, caminando por la noche entre los jardines de Los Pinos. Llevaba dos cocos en las manos y rezaba oraciones repitiendo el nombre de "Gina", que le había pedido que le ayudara a conseguir un novio, pues todos los anteriores la habían dejado. Se trataba de un ritual de santería conocido como "aprendizaje de los cocos", mediante el cual se acerca a los espíritus y se les pide un deseo a los "orishas" o santos.

Los rituales que Marta y Gina hacían en la residencia presidencial eran tan evidentes que un día los hijos de Vicente Fox escribieron una carta en la que le relataban a su padre todos los rituales y las brujerías que su enamorada estaba haciendo. Dicha carta nunca fue entregada porque algunos ex funcionarios de Los Pinos conocieron de su existencia y recomendaron a los infantes que se olvidaran del asunto: su padre, seguramente, no les iba a creer.

Apoltronada en Los Pinos tras su matrimonio con Fox, Marta Sahagún saboreó las mieles del poder. Formó la famosa "pareja presidencial" y, a través de esta fórmula, influyó directamente en la toma de decisiones del gobierno.

No obstante, lo alcanzado no era suficiente para sus ambiciones. Fue entonces cuando quiso subir un peldaño más: como hemos dicho, Marta deseaba la candidatura a la presidencia de la República. Para ello impulsó su propio proyecto a través de la Fundación Vamos México, además de relacionarse con diversos personajes muy poderosos, principalmente, con una mujer que tiene mucho dinero e influencia política, una dama a la que también le gusta la brujería, como vimos en capítulos anteriores: Elba Esther Gordillo.

Un ex funcionario de la residencia oficial de Los Pinos, quien también pidió conservar el anonimato, asegura que la maestra Gordillo era una de las personas que más visitaba a Marta, quien la consultaba tanto para cuestiones públicas como para asuntos privados.

Por teléfono le hablaba todos los días para consultarla y cada vez que se veían se abrazaban con tanta emoción que soltaban lágrimas. Cuando se veían en Los Pinos se metían a solas en la cabaña presidencial. Algunas veces la maestra llegaba con gente, hasta un brujo santero le llevó.

La maestra Gordillo ayudó a Marta a realizar su famosa *Guía para padres de familia*, de la que se editaron 75 millones de ejemplares para las escuelas básicas. También le propuso asesores para apuntalar la Fundación Vamos México, entre ellos José Antonio Sosa Plata. Pero sobre todo, Gordillo la ayudaría a dominar al presidente de la República.

Con Fox, la maestra hizo uno de sus mejores trabajos, nadie puede negar cómo se veía el presidente antes y cómo se le veía después, tenía una mirada perdida y manifestaba una posición inferior y dependiente de Marta.

La relación entre ambas mujeres no sólo fue política, Elba Esther buscó la forma de acercarse a Marta y le hizo una "radiografía espiritual" —igual que con Ernesto Zedillo—, gracias a la cual pudo saber cuáles eran sus mayores aspiraciones y sus más graves debilidades. Se dio cuenta de que lo que quería era casarse con Fox y de ahí se agarró.

La primera plática que tuvieron duró como 12 horas y Elba Esther le dijo que si quería tener controlado a Fox le podía ayudar, que le diera partes de su ropa y de su cuerpo para hacerle un trabajo. Tengo entendido que se fueron juntas a Marruecos y que Elba Esther introdujo a Marta Sahagún en la práctica de la brujería. Y como son iguales de ambiciosas, pues se conectaron muy bien.

Sin embargo, a Marta las cosas no le salieron como esperaba. El gobierno de Fox resultó ser un fracaso, el cambio nunca llegó, las reformas estructurales nunca se aprobaron y sus frases, que como candidato habían sido un éxito, como presidente fueron una más de sus deficiencias.

Esta señora hizo sus cosas, sus trabajos de hechicería pero, obviamente, no tiene el nivel de concepción ni de fuerza que tiene Elba Esther para esas cosas malignas y las cosas le reventaron.

LOS MAYAS GALÁCTICOS

En diciembre de 1999, Vicente Fox acudió a la casa de su principal publicista, Santiago Pando, erigida en medio de una zona boscosa al oriente de la ciudad de México. La casa tiene un enorme portal de madera de una sola pieza que llama la atención pues en él hay grabados diversos símbolos esotéricos, así como lunas, soles y astros. "Es una casa orgánica y está hecha para que bajen la energía y la luz, y pueda recibir mensajes todo el tiempo", explicó Pando en una entrevista con el reportero Rodolfo Montes.[1]

Tanto la fecha mencionada como la casa estaban marcadas por el destino, reconoció Pando en otra entrevista que dio a la reportera Anabel Hernández.[2] Uno de sus chamanes le había revelado, varios meses antes, que no tuviera miedo a las voces que escuchaba, pues se trataba de mensajeros que lo estaban preparando, pues él tendría una misión trascendental en la política nacional.

De hecho, la idea de llevar a Fox a su casa para grabar su primer spot como candidato a la presidencia reconocía la importancia de ese lugar especial, visitado por ángeles que ayudarían al panista a ganar la elección del 2 de julio de 2000. Iniciaba así la "revolución de las conciencias". El chamán le dijo a Pando: "En tu casa hay una legión de ángeles y tienes que hacer que el candidato vaya allá y filme un *spot* de propaganda". La finalidad, explicó el publicista, era que el poder de los ángeles quedara estampado en el *spot*, que así, cuando fuera transmitido por televisión, persuadiría a la gente de votar por Fox. El mensaje se transmitió en todo el país en enero de 2000, con motivo del Año Nuevo. Fox apareció de traje, con una bandera nacional a su izquierda. En la grabación, el candidato apareció acompañado por Marta Sahagún, quien conocía las creencias esotéricas de Pando y de otra buena parte del equipo de campaña.

"¿Dónde están los ángeles, dónde están?", preguntó la entonces vocera al llegar a casa de Pando.

Mil novecientos noventa y nueve fue un año trascendental para Pando y para Fox. Ese año Francisco Ortiz, que estaba encargado de reclutar a los integrantes del equipo foxista mediante los *head hunters*, invitó al publicista a integrarse a la campaña del ex gobernador de Guanajuato. Además, en julio del mismo año, mientras tomaba unas vacaciones en Playa del Carmen, Pando tuvo un encuentro con un chamán que provocó un giro de 180 grados en su vida.

Fue cuando mandé todo a la chingada, porque no sabía qué me estaba pasando y eso me aterraba, pues pensaba que me estaba volviendo loco. Ese chamán me dijo que me iba a involucrar en la revolución de la conciencia y que no debía tener miedo, que me estaba preparando, que no me estaba volviendo loco. Luego habló con mi esposa, Tiza, y le dijo que me tuviera paciencia. Luego me hizo una ceremonia, un bautismo de luz… Hoy he atravesado el túnel negro sin ver nada y ahora veo la luz.[3]

Como hemos dicho, Pando recibió las "señales" de su misión en la política, un espacio que desconocía, pues siempre había trabajado en agencias de publicidad, como Ogilvy & Mather, en 1991, donde fue vicepresidente; Gilbert Publicidad, en 1995, donde llegó a ser vicepresidente creativo, y Lowe & Partners, en 1998, de la cual fue presidente.

Durante la campaña de Fox, Pando nunca habló de sus creencias, pero una vez que llegaron a Los Pinos reconoció ser creyente de la teoría que asegura que los mayas son seres galácticos, viajeros astrales y del tiempo. Esta teoría, difundida desde finales de la década de 1970 por Erich Anton Paul von Däniken, un escritor de Suiza nacido el 14 de abril de 1935, precursor de la hipótesis de que la Tierra fue visitada en el pasado por seres extraterrestres que influyeron en el desarrollo de distintas culturas, entre las cuales destaca la maya —el mayor auge de esta teoría fue en la década de 1980, ya que incidió en la corriente *new age*—,[4] asegura que los mayas eran algo así como astronautas del tiempo, quienes antes de partir de la Tierra dejaron una serie de predicciones sobre lo que pasaría en el país y en el mundo durante los diferentes ciclos y etapas del tiempo, que ellos llaman *baktunes*.

Según esta corriente, el *baktun 12*, el último de la cuenta maya, que inició en 1618 y termina en 2012, se caracteriza por los desastres naturales, la sobrepoblación, el hambre y la guerra. En el curso de esta etapa saldrían mil 111 mayas galácticos, quienes se habían quedado ocultos para difundir sus conocimientos y empezarían a protestar, iniciándose así una cruenta lucha por el poder.[5] Al término de esta época comenzaría una nueva era, la del cambio, en la cual actuarían 144 mil personas, herederos todos de los conocimientos de los mayas galácticos, quienes se encargarían de iniciar dicho cambio en todo el mundo, difundiendo los conocimientos de estos seres extraterrestres.[6] Santiago Pando, por supuesto, es un firme creyente de esta teoría.

Desde entonces hubo una conexión muy fuerte y comencé a entender a los mayas galácticos, que son seres que habitan en

México y que se escaparon del tiempo a esperar esta nueva era. Ellos son los que me hablan mucho. No son marcianos, ni es secta ni es cofradía y mucho menos es religión, son mayas que manejaban la espiritualidad con un grado de conciencia muy grande, que podían trascender su cuerpo, y a partir de eso ellos dirigen lo que hago.[7]

El publicista de la campaña y los dos primeros años del gobierno foxista no sólo es un fiel creyente de los mayas galácticos sino que también cree en la "psicomagia". Resulta que Pando había tenido contacto con el controvertido y polémico escritor y director chileno, Alejandro Jodorowsky, quien durante los últimos años ha desarrollado su propia corriente esotérica, bautizada como "psicomagia".

La psicomagia es una especie de técnica de curación y sanación espiritual que mezcla la psicología del inconsciente, el chamanismo, la lectura del tarot y el teatro, en su parte de manejo de símbolos y escenarios. Jodorowsky, de familia ruso-judía nació al norte de Chile, se hizo famoso en la revolucionaria década de 1970 por su película *El Topo*, considerada un filme de culto por la generación *hippie*. A él se le atribuye la famosa frase "la imaginación al poder", utilizada durante el movimiento estudiantil de Francia de 1968. Trabajó con la compañía de Marcel Marceau e hizo teatro en México y París. Seguidor del psicoanálisis de Erich Fromm, del surrealismo y del chamanismo de Carlos Castaneda, a finales de la década mencionada Jodorowsky conoció en México a una bruja llamada *Pachita*, la curandera más famosa que ha tenido el país. Su verdadero nombre era Bárbara Guerrero, nació en Parral, Chihuahua, en 1900 y murió en la Ciudad de México en 1979. *Pachita* tenía el poder de sanar e incluso de operar con las manos, mientras era dominada por el espíritu de Cuauhtémoc. Jodorowsky fue su aprendiz durante varios años y de la mezcla de su experiencia teatral, esotérica, chamanista y surrealista sacó la psicomagia, que sólo pueden practicar sus hijos Adán y Valerie.

En 1999, Santiago Pando tomó con Jodorowsky un curso de psicomagia en Jalisco. "Estuve con él durante tres días. Es mi gurú mayor, como también lo es el subcomandante Marcos y Chalito, mi chaman yaqui", reconoció el publicista.[8]

Después de estas experiencias místicas, Santiago Pando se sumó al equipo de Vicente Fox y comenzó a aplicar sus conocimientos en los eslóganes y en la imagen del candidato de la Alianza por el Cambio. El día mismo en que lo invitaron a integrarse al equipo foxista, Pando recibió varias señales, confirmando la predicción del chamán maya de Playa del Carmen: "Fue un día muy extraño, tembló y esa noche no pude dormir y entonces me puse a diseñar la estrategia publicitaria que no fue otra que montar una guerra de conciencia", reveló Pando al reportero Montes.

Una vez a cargo de la imagen publicitaria de Fox, la mano mágica de Pando se notó de inmediato y, mezclando los medios de comunicación masiva y las ideas inspiradas en los mayas galácticos, sus chamanes y los ángeles que habitan su casa, creó los mejores eslóganes de la campaña: "Ya ganamos", "Fox contigo", "Yo soy mexicano", "¡Ya!" —inspirado en la "¡Ya basta!" zapatista—, y el más famoso de todos, el "Hoy, hoy, hoy", impulsor del "voto del cambio" que quebrantó el poder presidencial del PRI.

El ingenio de Santiago Pando fue evidente en el último eslogan, pues la repetición del "hoy, hoy, hoy", en principio, había sido tomada como muestra de intolerancia de Vicente Fox cuando se reunió con Francisco Labastida Ochoa y Cuauhtémoc Cárdenas, en la casa de este último, para discutir la fecha del debate que sostendrían en la campaña de 2000. En esa ocasión, los candidatos del PRI y del PRD querían fijar una fecha próxima, pero Fox empezó a insistir en que fuera ese mismo día. "Hoy, hoy, hoy", repiqueteó insistentemente hasta que provocó la burla de sus contendientes, quienes lo dejaron solo en el templete.

Pando tuvo la brillantez de transformar esa expresión desacertada en un eslogan atinado, con el que la campaña del voto del cambio recibió el tono que necesitaba. Según su creador, se inspiró en un momento de trabajo en la oficina, cuando le preguntaron sobre la fecha de entrega de un spot, pues al contestar que "mañana", los foxistas comenzaron a bromear diciendo: "Hoy, hoy, hoy".

El misticismo de Pando fue más allá de los lemas de la campaña del candidato del PAN, un partido cuyos miembros se han caracterizado por su férreo credo católico. El tema musical mismo, "El despertar de la conciencias", utilizado para el cierre de campaña sería, según Pando, "un acto de psicomagia, donde se iba a generar la victoria en la mente del público antes de que ocurrieran [las elecciones]".

Sin embargo, quizás el ejemplo más claro de la aplicación de estas prácticas se dio el 24 de junio de 2000, cuando en el Zócalo de la Ciudad de México, donde se han escrito las etapas más importantes de la historia del país desde hace casi cinco siglos, Vicente Fox cerró su exitosa campaña en la que se combinaron los aciertos de un equipo de politólogos estadounidenses especialistas en imagen y en "guerra sucia", empresarios, Iglesia, televisoras y publicistas con la "magia" de Santiago Pando. A plena luz del día, en el momento mismo en que Fox lanzaba al aire sus últimas consignas, del otro lado de un zócalo a reventar, Santiago Pando organizó dos ceremonias mayas para abrir dimensiones, atraer energías positivas y ahuyentar negativas.

El mismo Pando contó este episodio a la reportera Anabel Hernández:

Un día [Antonio] Calvo —un productor de teatro que también se ligó a la campaña— me llamó y me dijo: "Santiago, tienes que hacer dos ceremonias el día del cierre del Zócalo y hay que hacer un ritual". El ritual se hizo. Mientras en un extremo de la plancha de la Constitución se presentaban bailes autóctonos y se escuchaban las canciones compuestas por Antonio Calvo: "¡México ya!" y como coro "Me Xich Co" —el supuesto mantra de nuestro país—, "Digan por qué" y "Con un solo pensamiento".

En el otro extremo de la Plaza de la Constitución, en las inmediaciones del Templo Mayor, Alex Slucki —canalizador de ángeles— hizo un ritual "para el despertar de México". Para ello utilizaron concheros y cristales que supuestamente servían para abrir dimensiones, atraer energía positiva y alejar la negativa. Era una forma de sumarse al objetivo de que Fox ganara la Presidencia, según revelaron Pando y Calvo por separado.[9]

Los rituales no fueron públicos, dijo Pando a la reportera. Pero también precisó que Francisco Ortiz y Marta Sahagún sabían de las ceremonias.

—¿Vicente Fox lo sabía?
—No sé si sabía, pero cuando menos no decía que no.

* * *

El 2 de julio de 2000, el mismo día de su cumpleaños, Vicente Fox logró lo inimaginable, derrotó al PRI con un triunfo histórico. El voto del cambio había funcionado, también la campaña de Santiago Pando. Las predicciones de su chamán maya se habían cumplido, los astros de la suerte se habían alineado a favor del guanajuatense, quien festejó esa noche con todo su equipo y sus seguidores en el Ángel de la Independencia.

El primero de diciembre de 2000, Fox hizo su propio rito religioso al margen de la ceremonia política que se realiza en la Cámara de Diputados, durante la transmisión de poderes del presidente saliente al entrante, que recibe la banda tricolor. El primer presidente panista recibió en el Auditorio Nacional un crucifijo y una imagen de la Virgen de Guadalupe.

Por su parte, Santiago Pando siguió colaborando con Fox dos años más. Al mismo tiempo trabajó en la campaña presidencial de Ricardo Muro en Honduras, quien ganó el 25 de noviembre de 2001, y en México realizó trabajos para Televisa, *El Universal* y la cadena Radiópolis. Asimismo, colaboró con los equipos del juez Baltasar Garzón y de Rigoberta Menchú.

Todavía alcanzó a colaborar en la campaña del programa radiofónico *Fox amigo, Fox contigo*, que en un principio tuvo un relativo éxito.

Al salir Francisco Ortiz de la Coordinación de Comunicación de la Presidencia de la República, la presencia de Pando sobraba, pues no lo quería el equipo de Marta Sahagún. Los vínculos mágicos con el poder presidencial se rompieron, tanto así que en marzo de 2004 su suegra, Artemisa Aguilar Moreno, quien trabajaba en el Instituto Nacional de Migración, fue a prisión acusada de los delitos de asociación delictuosa y tráfico de indocumentados.

Para entonces, el presidente del cambio comenzaba su caída y su principal publicista lo acusaba de estar "entoloachado", así como de tomar demasiadas pastillas para los dolores de espalda, tantas "que siempre lo tenían embotado".

Siete meses después, Artemisa fue liberada pues, por lo menos, la mitad de los testigos involucrados en el caso no existían. Pando, junto con su familia, decidió dejar atrás el gobierno que, pensaron, sería distinto del priísta. El 24 de septiembre de 2006, el publicista publicó en el semanario *Quehacer Político* un largo artículo titulado "México tiembla de miedo".

[Tenemos] miedo a que sea mentira la que fue verdad, miedo a que sea verdad la que no es mentira.

Miedo a lo que está por saberse.

Porque pocos lo saben todavía, pero México atravesó el espejo en el 2000.

El espejo del pasado dejó de reflejarse en el futuro desde entonces.

El espejo es el viejo sistema. Y ese sistema es tan sólo un conjunto de viejas creencias. Creencias que se hicieron a la fuerza. A fuerza del miedo al monstruo, al sistema que hoy agoniza.

El pasado fue derrotado por su misma mirada. El PRI se derrotó a sí mismo.

Al igual que el PAN y el PRD.

Fox se mordió su prosaica lengua. La Malinche moderna le embrujó su veneno.

La soberbia de López Obrador lo hizo insufrible, la insipidez de Calderón lo volvió incoloro. Todos perdieron, nadie ganó. Eso es precisamente lo que nos da miedo: la orfandad.[10]

Y es que Pando ha manifestado la idea de que, como los mayas galácticos lo predijeron, el verdadero cambio se dará en 2012, fecha en la que surgirá un presidente indígena en el país.

En la entrevista con el reportero Rodolfo Montes, explicó que desde antes de 2000, México se había convertido en el faro de lo que sería una gran rebelión mundial, marcada por la "rebelión de los papeles".

Todos se darán cuenta de que ahora están jugando un papel y todos podrán salirse de él, porque ya a nadie le gusta ese papel mediante el cual el sistema se sigue manteniendo. Esto es lo más cabrón que va a pasar en la historia de la humanidad.

—¿Por qué México es el faro? —preguntó después el reportero.

Porque está señalado desde hace muchos años. Los mayas lo habían señalado y el Tíbet le acaba de pasar el faro del mundo ya que México es un entorno clave: primero, porque está debajo de la bestia, es decir, de los Estados Unidos; segundo, porque es la conexión con toda América Latina debido a su conexión con las naves de Teotihuacan, las ruinas mayas y porque es una zona escogida como un área sagrada.

Para esta "revolución", Pando dijo que habría protección de los mayas galácticos y que participarían millones.

Soy uno de los millones que forman esta primera revolución que viene protegida por naves, y no estoy inventando nada. Las he visto… es difícil de explicarlo porque justamente lo que se romperá es una lógica, un arquetipo, un paradigma y todo un sistema.

Afirmó que estaba siendo preparado por los mayas galácticos para participar en este gran movimiento de las conciencias.

Recibo vibras, oigo todo el tiempo voces. Son entes, son seres de luz. Al principio no sabía qué era, pensaba que eran ideas que se me ocurrían, pero poco a poco fui dándome cuenta de que cuando siento un hormigueo y me duele aquí [en el centro de la cabeza] y siento muy caliente, es el momento que cojo una pluma y me pongo a escribir, pues es cuando se quieren comunicar conmigo.

Y dijo también qué era lo que le decían en estas comunicaciones.

El hecho de la inminente revuelta, que no implica armas, guerra, sino todo lo contrario: es una toma de conciencia, es decir, que nos daremos cuenta de lo pendejos que somos cuando, en lugar de tener miedo, tengamos amor y regresemos al paraíso que es México, un paraíso terrenal, y de él están muy lejos el PAN, el PRI y el PRD.

Finalmente, vaticinó:

Es más, el próximo presidente de México no saldrá de los partidos, el siguiente, en el 2012, será indígena. Eso me lo dijeron.

CHAMANES FOXISTAS

Los pasajes relatados en este capítulo no son los únicos registros que se tienen de las aficiones esotéricas de Marta Sahagún. Existen otros ejemplos, algunos incluso más claros, de la aplicación de estas prácticas privadas en su vida pública, que se dieron durante la campaña de 2000 y durante su estancia en Los Pinos, como funcionaria y luego como esposa del presidente de la República.

Desde que se formó el equipo de campaña y durante los primeros años del gobierno, hubo un grupo vinculado a Marta, integrado por Santiago Pando, Antonio Calvo, Alex Slucki y Rebeca Moreno Barragán, quienes guiados por espíritus, chamanes, médiums, ángeles y brujos actuaron para que ella y Vicente Fox encabezaran "el despertar de México" y "la revolución de las conciencias". De estos cuatro personajes, colaboradores cercanos de la pareja presidencial, por lo menos Santiago Pando y Rebeca Moreno, también se desempeñaron como funcionarios del gobierno foxista. Cobraban un salario del erario por su trabajo. Por su parte, Alejandro Slucki y Antonio Calvo se desempeñaron como colaboradores externos. Cada uno a su manera, pero los cuatro incidieron en la toma de las decisiones públicas de los Fox.

De Santiago Pando ya hemos hablado en este libro, así como de su creencia en los mayas galácticos y de cómo las ideas que éstos le transmitieron las aplicó en la estrategia de publicidad de la campaña de Fox. De los otros tres personajes se ha ocupado de forma extraordinaria la reportera Anabel Hernández, quien dedicó a este tema un largo reportaje en el semanario *La Revista*, que editaba el periódico *El Universal*. El artículo fue titulado "Esoterismo en Los Pinos".[11] En éste, la reportera revela, con documentos y testimonios, la "asesoría mística y esotérica" que estos personajes le daban a Marta Sahagún y a Vicente Fox, la misma pareja que cada domingo acudía a misa en la iglesia de San Cristóbal, Guanajuato.

El caso de Rebeca Moreno es, quizás, el que más llama la atención, pues no sólo se trata de la asesora de actos sociales de Marta Sahagún, sino de la guía espiritual que la acompañó hasta el fin del sexenio.

Rebeca se hace llamar *Kadoma Sing Ya*, nombre que le pusieron unos monjes tibetanos y que significa "lo que está siempre vibrando". Como su nombre espiritual lo dice, esta mujer de 37 años (nacida en 1971), desde niña siempre tuvo "vibras" extrañas que la hacían escuchar voces y soportar el dolor más allá de niveles normales. Fue por una de estas "vibraciones", una que tuvo en Palacio Nacional en 2001, cuando ya trabajaba para Marta Sahagún, como la imagen de

Benito Juárez fue sacada de la residencia presidencial, pues según la asesora esotérica de la ex primera dama, había escuchado voces y leído mensajes en los murales que decían que el Benemérito de las Américas, al morir, había lanzado una maldición contra México, maldición que bloqueaba al gobierno del cambio de Fox.

Rebeca Moreno, que estudió ingeniería electromecánica en la Universidad Panamericana, escuela de enorme influencia entre la derecha católica mexicana, trabajó en la Jefatura del Área de Operaciones de ésta hasta que en 2000 se adhirió a la campaña de Vicente Fox. A Rebeca también le gustó siempre el teatro. Antes de entrar en política, en 1994 trabajó para Antonio Calvo, director de varias obras, quien la contrató para administrar *La dama de negro* y *Houdini, la magia del amor*. Calvo fue su primera pareja "espiritual". Y a este productor de teatro le confesó sus "habilidades paranormales" y compartió con él diversas experiencias místicas, como el ritual del "vino de los muertos", en el que se consume una planta alucinógena del Amazonas conocida como ayahuasca. Todos los aprendizajes que obtuvo con Calvo, Moreno habría de aplicarlos mucho tiempo después en la campaña de Fox y en Los Pinos, como veremos más adelante.

La entrada de Rebeca Moreno a la campaña de Fox no fue casual. En realidad, se trató de una orden de los espíritus, quienes le encargaron ayudar a México a "despertar" de la larga pesadilla de 71 años de gobierno del PRI. Los secretos de Rebeca Moreno fueron revelados por ella misma, en el diario que escribió, a seis manos, con Calvo y Slucki, cuando montaron la obra *Regina, el despertar de una Nación*, basada en la novela del mismo nombre que escribió Antonio Velasco Piña y estelarizó, en un principio, la cantante Lucerito.

Dicho diario se podía consultar en línea, durante un buen tiempo, en la página <www.regina.com.mx>. Una copia del mismo fue proporcionada por la reportera Anabel Hernández, quien publicó algunas de las partes que lo integran. El diario está escrito cronológicamente y en cada uno de sus capítulos se van revelando los mensajes que los espíritus, chamanes, médiums y ángeles les mandaron a los tres escritores para participar en "la revolución de las conciencias". En esas páginas también se revelan las experiencias místicas que los autores tuvieron durante los rituales en los que probaron diversas plantas alucinógenas, como la ayahuasca.

Sin duda alguna, de los tres personajes mencionados, el más controvertido es Rebeca Moreno. Según sus propias confidencias, desde un año antes de la elección presidencial en la que ganó Fox, ella recibió el primer mensaje.

Mayo 21, 1999. REBECA: Forzadamente acudí a dar unas conferencias sobre Planeación Estratégica a Chiapas. El volcán Tacaná me sedujo y pedí que me llevaran. Esta decisión cambió mi vida y de haber sabido cuánto, quizá hubiera puesto más atención al suceso. Llegué hasta una pirámide y apareció un anciano extranjero que me dijo que me esperaba y se encontraba festivo [*sic*] con mi visita. Dijo que no le quedaba duda de que México despertaría y que a partir de ese momento me convertiría en su mensajera. Ahora era el guardián de la montaña. Antes había sido un general nazi enviado al Tíbet. Me dijo que buscara a Antonio Velasco y a los amigos del Tíbet. Que era muy necesario que estuviera cerca del futuro gobernante de México. Que un niño Daniel me daría la señal. Y aún más: que había un cuartel trabajando por el despertar en Chihuahua y que era muy necesario aprendiera a despertar los poderes de la mente. Pero que ya podía dormir tranquilo: México empezaría a despertar.

Así lo hizo, buscó al polémico escritor Antonio Velasco Piña, creador de la novela *Regina*, que trata de una joven mexicana que, supuestamente, es la reencarnación de una diosa, y que muere en la plaza de Tlatelolco, durante la matanza estudiantil del 2 de octubre de 1968, en una especie de sacrificio humano que marca el inicio del cambio en México. Esta historia, por supuesto, fue refutada por la familia de la joven, que acompañada por Elena Poniatowska acusó de charlatán al autor en un acto público.

Mayo 28, 1999. REBECA. Urgí mi visita a Velasco Piña. Dos días después de mi estancia, el Tacaná entró en actividad. El avión que me trajo de regreso a la Ciudad de México casi se estrella [...] Platiqué con Antonio Velasco sobre lo acontecido en el Tacaná. Antonio Velasco me dijo que para desarrollar las percepciones extrasensoriales debía buscar a Jorge Berroa. Le comenté sobre Toño y el musical que preparaba, pensando que quizá Antonio Velasco podía ayudarnos a encontrar la pieza que faltaba. La primera casualidad mágica se dio: el lunes siguiente se tendría la primera reunión para preparar el estreno de un musical sobre *Regina*.

Rebeca acudió con el médium cubano Jorge Berroa, quien había llegado al país en 1993, siguiendo las órdenes del espíritu con el que se comunica: Don Antonio Cortina, un esclavo negro que vivió en el siglo XIX, le dijo que debía venir a México "para participar en la gestación de una nueva conciencia planetaria".

Junio 17, 1999. REBECA: Acudí con Jorge Berroa, el médium. La primera lección que me dio Don Antonio, el espíritu con el que se comunica, fue que debía aprender a sentir hacer. Que es mucho más complejo que hacer lo que uno siente. Me estaba preparando, según él, para lo que vendría. Pero que no se me dificultaría. Que ya antes, en otra vida, había preparado el rescate de Ricardo Corazón de León y que pronto empezaría la justa por México.

Antonio Calvo también acudió con el médium cubano. Berroa le dijo que él venía de Orión y que estaba aquí para cumplir una misión muy importante para la tierra.

Junio 19, 1999. TOÑO. Fui a conocer (muerto de curiosidad) al médium Jorge Berroa. En esa sesión el médium me comunicó que era un alma que venía de Orión a cumplir una misión en esta tierra y me contó que hay muchos espíritus trabajando en México en varias dimensiones para el despertar de la nación.

Calvo y Rebeca juntaron sus esfuerzos y acudieron en distintas momentos con Berroa y con Velasco Piña, querían recibir los mensajes de los espíritus y allanar el camino para la victoria de Fox.

Julio 6, 1999. REBECA: Acudimos con Jorge Berroa para empezar a trabajar. Después de esa sesión no me volvieron a pasar accidentes. Para entonces ya iba en el tercero. Según Jorge, malos espíritus trabajarían para bloquear nuestra misión en el despertar de México a menos que no tuviéramos miedo. Que a partir de ahora que tomábamos el reto, nos asistirían y nos protegerían.

Rebeca recibió varias "señales" que le decían que estaba en el camino correcto. En marzo de 2000, en plena competencia electoral, se cumplían seis años en cartelera de la obra de teatro *La dama de negro*, por lo que Antonio Calvo le pidió a Rebeca que invitara a Fox a develar la placa conmemorativa. Después de muchas dificultades, logró que en la casa de campaña aceptaran, aunque una semana antes le dijeron que iban a cancelar. Rebeca no se detuvo sino hasta lograr que el candidato accediera a develar la placa. Como una muestra de su agradecimiento, le mandó flores a Marta Sahagún, quien había sido fundamental para que el evento se llevara a cabo. Desde entonces, Rebeca se sumó a los trabajos de campaña sin recibir un sueldo por ello y poco a poco abandonó su trabajo en la Universidad Panamericana y en el teatro.

Abril, 2000. REBECA: Desperté la madrugada con un gran sobre-salto. El Iztaccíhuatl me revela que México viviría un momento de encrucijada y de alguna manera debía expresar fe en el resul-tado para que se diera lo mejor.

La otra señal que recibió Rebeca fue en mayo de 2000, cuando junto con Calvo, que ya se había metido también en la campaña, preparaba los spots de Fox. Entonces se enteró de que el hijo de Santiago Pando se llamaba Daniel, el mismo nombre que le había dicho el chamán de Chiapas en 1999.

Abril, 2000. REBECA: …acudo una vez más a Tepoztlán para ha-blar con los espíritus… debía prepararme para lo que seguía. Tener fuerza para luchar contra el aletargamiento.

Una vez que se ganaron las elecciones, durante los meses de la transición, Rebeca empezó a trabajar directamente con Marta Sahagún. Para entonces ya le habían surgido diversas dudas y para disiparlas participó en un ritual en el que consu-mió ayahuasca o "elixir de los muertos", planta alucinógena que usan los brujos de Brasil y Perú durante los ritos en los que consultan a los espíritus.

Septiembre, 2000. REBECA: Comencé a tener dudas sobre mi misión en esta vida. De lo que había sido testigo desde mayo de 1999 me había transformado mi existencia. Siempre pensé que

157

yo debía morir joven. Nunca me había visto de más de 35 años. Y estaba por cumplir 30. Y de pronto, sentía que se abría de nuevo una luz en mi existencia… México, unido, había logrado un sueño. Que se traducía en política. ¿Tenía sentido entonces lo que estábamos haciendo?; después me percataría de que sí. Que lo que había ocurrido el 2 de julio podía olvidarse y el espíritu de México aletargarse. Así que decidí casarme con México. ¿Cómo era esto? Todo lo que hiciera en adelante, tendría que ser por México. Así que empecé a tocar puertas… incluso acudí al ritual de la toma de los muertos.

En el diario quedaron registradas las experiencias de este largo "viaje" de ayahuasca, experiencia a la que Rebeca había sido invitada desde hacía un año, pero que hasta ese día le había dado miedo.

Octubre 16, 2000, Rebeca: No bien había terminado una tercera toma del vino de los muertos cuando de pronto vi como si todo lo que estuviera a mi alrededor se fuera hacia mis entrañas y veía a un hombre que me guiaba por ese túnel… un hombre que, claro está, ya conocía, de lo contrario, no hubiera tenido tanta confianza al verlo. Y estaba ahí, listo, esperándome, seguro de sí como yo de mí que no estaba soñando.

Cuando vi el túnel y la luz, que tantas historias de hospitales había escuchado, pensé que estaba muerta. Le pregunté a ese alguien si estaba muerta. No me respondió, pero tampoco me preocupaba, pues si estaba viva una cosa era cierta: nunca más me preocuparía por estar muerta. Y mientras nadaba en un mar de estrellas reconocía a Dios mismo con tanta naturalidad, que es uno para todos […] qué lejos están las doctrinas de ello, cuando descubres que una religión es tan sólo la intuición de esa grandeza.

En la carta más larga del diario, que abarca todo el capítulo 5, Rebeca detalla las experiencias místicas de su "viaje". Asegura que Dios la llevó a viajar por el arco iris, hacia el Sol, hasta un espacio desde donde veía la Tierra y México.

Y entonces en medio de la negrura azulada se abría el hueco por el que podía vislumbrar cómo este Sol alumbraba a mi Tierra, a ese protegido lugar llamado México y le irradiaba con su luz como si fuese el agua y le cobijaba […]

Y me hice consciente del dolor. Del dolor de una tierra herida que arrojaba ríos de sangre y ya no cupo en mí la tristeza, me fundí en ella […] y me convertí en la tristeza misma transformada en madre.

Y me dejé caer sobre esa tierra bañada en sangre que hedía. Pero pese del dolor a putrefacto de esa sangre, ésta seguía viva, pues cuando la abracé, la sentí tibia, aún receptiva, aún latente. […] ¿Qué le hicieron? ¿Cómo pudieron hacerle esto?

Y la tierra se convertía en un niño herido y yo misma en su madre. Tomaba su cuerpo despedazado y lo abrazaba con amor infinito. Apenas si escuchaba de ese cuerpecito sus latidos y respiraciones aceleradas, como si quisiera en cada respiración, arrebatar un poco más de vida a bocanadas. Pero era tan pequeño y tan frágil, y estaba tan herido y lastimado. […]

Nunca he sido, ni creo seré madre, pero ya sé lo que es ser madre. Me dolían cada una de sus heridas, sobre todo la del brazo lacerado y quemado en carne viva. Dios mío, era tan frágil. Mi niño, mi México. […] ¿México?

—Dios mío, ¿soy la Madre de México? […]

—No, pero te estoy dejando que sepas lo que le dolió a su Madre, y en ese momento Tú eres la madre, pero no, no eres su Madre […]

Rebeca dice que su espíritu viajó entonces a Tlatelolco, al momento en el que ocurrió la matanza estudiantil de 1968, y se sintió muy triste, luego se convirtió en una niña y jugó a los pies de la Virgen de Guadalupe, vio el Sagrado Corazón y pensó que era la Virgen del Tepeyac. Pero no, todo aquello era para que sintiera "cómo duele morir por México".

Entonces se transformó en Juan Escutia.

Cuando me transformé en aquel joven sobre una piedra sangrada en Chapultepec, tenía la cara rasguñada y sangraba copiosamente por la nariz […] tenía roto el cráneo y podía sentir cómo la cabeza se llenaba de sangre internamente por la caída desde lo alto. Estaba en Chapultepec y del cuerpo de este jovencito al que se le escapaba la vida me transporté como un rayo aún más abajo, hasta el corazón de la piedra donde paraba la sangre.

Posteriormente, Rebeca se transformó en la emperatriz Carlota de Austria, quien vino a México "para tratar de rescatar lo perdido" por Maximilano de Habsburgo y para combatir "a los hombres del triángulo invertido". Es decir, a los masones, entre quienes estaba Benito Juárez.

Surgió ante mí nuevamente Carlota, llorando […] y el León Dorado se transformó de pronto en Juárez. No quiero decir que Juárez fuera el León Dorado, pero tenía toda la influencia negativa en su momento. Juárez sabía todo y en su tumba están las claves de lo maligno.

Luego de experimentar el "vino de los muertos", Rebeca supo lo que debía hacer. Trabajar en la presidencia de la República, como asesora de Marta Sahagún.

Diciembre, 2000. REBECA: Por fin creo encontrar el sitio donde debo ahora trabajar. Las casualidades me llevan a un sitio de Chapultepec. Aunque no creo que esto haya sido tan casual. Pedí una señal para saber si estaba en lo correcto. Fue cuando el Popocatépetl hizo erupción. Debía quedarme donde ahora mismo me ofrecían trabajar.

En la toma de posesión el primero de diciembre de 2000, Rebeca se encargó de la instalación del centro internacional de prensa y consiguió patrocinios para las ceremonias alternas a la de la Cámara de Diputados, una de ellas fue la del Auditorio Nacional, donde Fox recibió, de manos de sus hijas, una cruz y una imagen de la Virgen de Guadalupe.

Desde el primero de enero de 2001, Rebeca Moreno trabajó en Los Pinos, primero con el régimen de honorarios, en un área de apoyo a la Dirección de Comunicación Social que estaba a cargo de Marta Sahagún. Rebeca era la encargada de llevar los recados de la vocera presidencial al resto de su equipo —más de 200 personas—, que se encontraban en una oficina alterna ubicada en Constituyentes.

Desde aquel día, las creencias de Rebeca comienzan a incidir en Marta Sahagún, quien a su vez incidía en Vicente Fox.

Enero, 2001. REBECA: Por azares del destino me llevan a conocer sitios de Palacio Nacional que no están destinados a turistas. Descubro una cantidad de símbolos que pocos podemos entender. Los símbolos de una campaña que se libraba y que se librará. Descubro un grupo rindiendo culto a Juárez. Los observo desde la ventana. Empiezo a escuchar voces del pasado y salgo asustada.

Poco tiempo después, como mencionamos, la imagen de Juárez, *el León Dorado*, como lo llamó Rebeca tras su experiencia con "el vino de los muertos", que durante sexenios había estado en el despacho presidencial, fue sacada y enviada a las oficinas de la Secretaría de Gobernación. En su lugar se colocó una imagen de Francisco I. Madero, el primer presidente del siglo XX, quien había sido guiado por espíritus durante la Revolución de 1910.

A pesar de que la disposición de Fox causó un importante revuelo político, la decisión no habría de cambiarse. Uno de los cometidos de la guía espiritual de la pareja presidencial había sido alcanzado. Rebeca Moreno, que también había logrado que Fox y Marta sostuvieran encuentros con personajes esotéricos durante la campaña, al margen de la agenda oficial, por supuesto, conseguía lo que deseaba.

Según la periodista Anabel Hernández, la propia Rebeca contó a personal de la oficina de comunicación presidencial que durante la campaña Marta Sahagún y Vicente Fox tuvieron un encuentro con "los guardianes del temporal" del volcán Popocatépetl, quienes le dijeron al guanajuatense que él era "el designado" para ser presidente de México y cambiar el país.

Sin ocupar un puesto oficial, también fue Rebeca la que preparó la visita de los monjes tibetanos a la oficina de Marta Sahagún. El día que éstos llegaron, se pintó un lunar en el centro de la frente y le repartió a todo el personal de Los Pinos una especie de rosario.

Una vez instalada como asesora espiritual de la vocera presidencial, el 10 de abril de 2001, Rebeca le preparó un "regalo" a "Totis", como llaman de cariño sus allegados a Marta Sahagún, una ofrenda "para la buena vibra". Se trataba de una canasta donde puso incienso, una imagen de la Virgen de Guadalupe, semillas y plumas de gallina negra para "retirar las malas energías". El "trabajo mágico para propiciar la fecundidad profesional" lo había preparado en las oficinas alternas a la residencia presidencial, ante los ojos incrédulos de sus demás compañeros. De acuerdo con los testimonios de algunos presentes, la reportera Anabel Hernández reconstruye la escena en la que se le entregó el "regalo" a Marta, en el Salón Blanco de Los Pinos.

Los "chicos y chicas de Marta", como ella misma los había bautizado, le habían comprado una fina chalina que envolvieron en una caja con papel dorado y un moño amarillo. Cuando "la Jefa" llegó se la entregaron entre los versos de *Las mañanitas*. Antes de que abriera el obsequio, Rebeca le dio el suyo ante el silencio incrédulo de los demás asistentes.

—¡Esto es divino! —exclamó la festejada. Y Moreno comenzó un largo discurso en el que explicó que el regalo era "para que las buenas vibras del amor estén siempre cerca de ti. Tienes que tener esto siempre cerca de ti", dijo. "Lo tendré siempre cerca de mí", respondió la vocera.

Al final del discurso Marta Sahagún terminó llorando y fundida en un largo abrazo con Rebeca Moreno. Todos se retiraron y la vocera se quedó a solas con Kadoma Sing Ya.

Entre el primero de enero de 2002 y marzo de 2004, el trabajo de Rebeca en la oficina de Marta Sahagún se volvió institucional, es decir, entró en nómina. Ocupó el puesto de directora de Operaciones y Producción de Eventos de la oficina de la vocera presidencial. Después, a partir del primero de abril de 2004 y hasta el cierre de la administración, se desempeñó como directora de Logística de la Oficina de Apoyo a la Esposa del C. Presidente.

Rebeca siempre estuvo al lado de Marta. Lo mismo revisaba los discursos de su jefa que organizaba las porras en los actos en que aparecía la primera dama. Opinaba sobre todo, incluso en temas tan importantes como la integración de la Fundación Vamos México.

Kadoma Sing Ya nunca se separó de Marta Sahagún, quien, según los espíritus, era la señalada para lograr el "despertar femenino de México".

LOS ÁNGELES DE FOX

Alejandro Slucki asegura ser un *channeler* o "canalizador de ángeles". Junto con el productor de teatro Antonio Calvo, cree en los espíritus y en los chamanes, y participó en la campaña de Vicente Fox en los primeros años de su gobierno.

Inspirados en las "señales" transmitidas por los médiums, Slucki y Calvo fueron los responsables de introducir estos mensajes esotéricos en los spots y en la música de los promocionales de la campaña foxista, que usaron después en el programa de radio *Fox contigo*.

Slucki asegura que desde pequeño tuvo contacto con seres invisibles y que desde entonces gozó de una percepción extrasensorial. Sin embargo, cuenta que esta facultad no encontró su vía de expresión sino hasta 1996, cuando comenzó a canalizar los mensajes de los ángeles de manera estructurada.

En su participación en un encuentro sobre la existencia de ángeles, llevado a cabo en Aguascalientes en 2006, Slucki reveló sus facultades paranormales, que puso al servicio de Fox. Aseguró entonces que desde 1996 y durante nueve años seguidos ha promovido los mensajes angelicales en terapias individuales y de grupo; además, practica la meditación trascendental del Maharishi y escribe sobre temas relacionados con el espíritu. Hay ocasiones en que incluso dirige sesiones canalizadas y otras en las que, por medio del arte, su pasión primordial, guía las sesiones espirituales.

Junto con Antonio Calvo, Slucki escribió el guión del musical *Regina, una nación que despierta*, dedicado al gobierno de

Vicente Fox y "guiado por sus enseñanzas" también escribió el libro *Huellas de luz: Reflexiones de los ángeles sobre el arte de ser humano*, así como la obra *The Game of Remembrance*.

Actualmente, Slucki imparte los siete principales módulos de su sistema *El Mapa de la Vida*, "basado en diez años de experiencia con los mensajeros angelicales". Además, está preparando otro libro, *Los colores del destino, un disco para la meditación y la sanación llamado Sunali*, y la novela biográfica, en coautoría con la doctora Malena Carrión, del Instituto Berkana, *Revelaciones del Grial: Un viaje a través de Francia guiado por los ángeles*.

En la ponencia "Liberando los roles de nuestra existencia" que presentó en Aguascalientes, Slucki mostró sus conocimientos sobre "las canalizaciones con ángeles". Vale la pena reproducirlos aquí, pues algunas de sus ideas fueron aplicadas en la concepción del voto del cambio, no sólo en la música de los spots de la campaña presidencial sino en las ceremonias subrepticias que se dieron durante el cierre de campaña de Vicente Fox, en el Zócalo de la Ciudad de México.

LIBERANDO LOS ROLES es una ponencia que busca identificar cuatro temas básicos donde la sociedad, con temor al rechazo, al dolor, a la pérdida de la identidad, elige perpetuar ciertos caracteres sociales con el fin de sobrevivir. Cada uno de los temas tiene un elemento liberador y también un problema a resolver, la parte del rol que resulta esclavizante cuando se le toma demasiado en serio. Roles que vivimos como estigmas y que hieren o limitan el impulso de crecimiento del alma. Los temas son:

1. LIBERANDO LAS LIMITACIONES DE LA MÁSCARA. Proveniente del Griego, máscara identificaba la personalidad para encarnar una historia en nuestro planeta. En la sociedad actual, nos casamos con la máscara en lugar de utilizarla como medio

para vivir sobre la Tierra, para jugar distintas posibilidades y utilizar su medicina. Hemos de cuestionar hasta qué punto es viable identificarse con aquello que nombramos el YO.

2. LIBERANDO LAS LIMITACIONES DE LA EDAD. Cada edad ofrece una sabiduría distinta y un don especial. Entenderemos la edad no como una secuencia cronológica sino como un estado energético. La RUEDA DE LAS ETAPAS DE LA VIDA es una herramienta ofrecida por los ángeles para liberar los dones de cada etapa y escuchar sus voces en cualquier situación trayendo así al presente su sabiduría.

3. LIBERANDO LOS ESTIGMAS DE GÉNERO. En todo hombre y mujer sobre el planeta, los cuerpos dimensionales físico, emocional, mental, psíquico y sutil se reparten características tanto masculinas como femeninas.

Exploraremos los problemas de cada uno y también el cómo integrarlos en nosotros.

4. LIBERANDO LAS LIMITACIONES DE UN MUNDO DIVIDIDO EN "BIEN Y MAL". La línea que divide la oscuridad de la luz es un juicio basado en experiencia personal. Nos liberaremos dentro de lo posible de esta limitante cuestionando la manera en que enfocamos el tema de la dualidad "bien/mal".

Sanador, poeta y escritor, Slucki afirma que sostiene comunicación con un extraterrestre al que llama Akshmil, quien le dicta los mensajes. En su página de internet "los Ángeles y Akshmil estarán en MÉXICO EN CONCIENCIA!, <http://groups.msn.com/EncuentroMexicoEnConciencia> se difunde uno de estos mensajes:

ENCONTRANDO LA RAÍZ DE UN ORIGEN

Su luz, querid@s está viajando más rápido, ustedes viajan ahora más pronto hacia la realización de su propia plenitud y por eso es importante, a estas alturas, cuando el Sol ciertamente ya lo está anunciando, que se integren con su propia energía en la aceptación total. ¿Cómo va a ocurrir? Encontrando una raíz de origen. No la van a encontrar en su infancia, no la hallarán en sus primeras horas de nacimiento —ya habían nacido nueve meses antes de nacer. Y ya habían nacido mucho antes de ser concebidos, aunque ésa es otra historia— por ello hablo hoy de la experiencia orgánica. Si ustedes pueden conectar con: "yo fui una sola célula en un momento de mi sabiduría de existencia", entonces puedo conectar con todo lo que soy, porque de ahí viene todo. Quizá, jugando con posibilidades, lo que ustedes llaman religión también era, conceptual y espiritualmente, una sola célula; había un solo origen de creencia que luego decidió experienciar mitosis para poder subdividirse infinitamente, crear infinitos organismos de experiencia para poder luego volver a viajar más rápido en el momento listo para la unificación. Akshmil, entidad siriana, a través de Alex Slucki.

El 24 de junio de 2000 fue un día muy especial para Fox y su equipo, no sólo se trataba del cierre de campaña sino que además demostrarían el enorme apoyo que tenían en el Zócalo de la Ciudad de México, en la plaza donde se han registrado los grandes cambios del país.

El equipo de espiritistas de Fox conocía la importancia del día y, con la anuencia de Marta Sahagún y Francisco Ortiz, estos tres personajes, Santiago Pando, Antonio Calvo y Alejandro Slucki, realizaron un par de rituales mágicos, alternos al acto oficial, en el mismo Zócalo capitalino, en aras de ayudar al candidato presidencial del PAN. Previamente, Calvo le había dicho a Santiago Pando que se tenían que realizar estas dos ceremonias, las cuales consultaron con los altos mandos del equipo de Fox, quienes aceptaron de acuerdo con la idea de que "lo que no estorba, ayuda". Fue así como los concheros contratados por Alejandro Slucki realizaron uno de los dos rituales. Cerca del los vestigios del Templo Mayor, a un costado de Palacio Nacional, el *channeler* hizo el ritual "para el despertar de México", reveló Santiago Pando en una entrevista con la reportera Anabel Hernández.

Antonio Calvo, mientras tanto, realizó el otro ritual, siguiendo las canciones que él mismo había compuesto: "México ¡Ya!", "Digan por qué" y "Con un solo pensamiento"; este ritual se llevó a cabo con los cánticos en coro de "Me Xich Co", canciones, sobra decir, inspiradas en los médiums. Estos rituales eran la culminación de una serie de "mensajes" y de "señales" que Antonio Calvo, Rebeca Moreno, Santiago Pando y Alejandro Slucki habían recibido desde hacía meses, como hemos visto a lo largo de todo este capítulo.

En agosto de 1999, Calvo y Rebeca Moreno acudieron con el médium cubano Jorge Berroa, quien falleció en 2006. En el mismo diario escrito junto con Rebeca Moreno y Slucki, Calvo revela que fueron a ver al médium caribeño para saber si iban bien en la creación de la obra de teatro *Regina*. Pero no sólo hablaron de dramaturgia con los espíritus, también recibieron mensajes sobre la actuación política que iban a tener y sobre cómo habrían de ayudar al "despertar de una nación". De hecho, en uno de estos pasajes se revela que la famosa señal foxista de la "V" de la victoria encontró su inspiración en el espacio esotérico.

Éstas son las experiencias que, durante tres meses, vivieron estos tres personajes y que quedaron inscritas en su diario:

Agosto 26, 1999. Alex, Rebeca y Antonio acudimos con Jorge Berroa para preguntar si todo iba por buen camino. Los espíritus mandan a Alex y Toño con un shaman que venía del Amazonas y que estaría por unos días en Tepoztlán.

Septiembre 1, 1999. SESIÓN DE TOÑO (CALVO) Y ALEX (SLUCKI) CON EL SHAMAN DEL AMAZONAS.

El Shaman practica un extraño ritual con el que Toño y Alex entran en trance. Durante el trance las manos de Antonio se empiezan a mover controladas por "algo" y Antonio descubre que en otra vida fue un alto sacerdote o dignatario azteca y que estaba regresando a la Tierra para cumplir esta sagrada misión. Alex también tiene revelaciones de otras vidas y al salir les vienen las ideas que generan toda la estructura del segundo acto de la obra. Mientras esto ocurre en Tepoztlán, los primeros indicios del despertar ocurren al mismo tiempo: se da la réplica histórica al informe presidencial.

Septiembre 5, 1999. TOÑO: Durante las visiones que tuve en el ritual del Shaman me apareció un símbolo azteca que era la clave para descifrar quién había sido en los tiempos prehispánicos. Al llegar al Museo de Antropología no pudimos entrar a la sala mexica: aún no era el momento.

Septiembre 27, 1999. REBECA: La actriz Elia Domenzain nos invitó a realizar un ritual en el Bosque Sagrado de Chapultepec llamado Tlatoani del Bosque, mismo que un grupo de artistas realizan cada semana para activar su consciencia [*sic*]. Este recorrido, tiene la finalidad de lograr la purificación ritual de la consciencia [*sic*] de los asistentes al tiempo que les hace despertar a la conexión olvidada que tenemos con la naturaleza y los lugares sagrados que tenemos en México.

Octubre 27, 1999. REBECA: En sesión con Berroa me desmayo y ayudo a un espíritu a bien morir. No fue agradable. Después de entrar en un espiral me parecía recorrer a toda velocidad verdes campos hasta llegar trágicamente al fondo de un río. Esta desagradable experiencia empezó a borrar otras que llevaban meses ocurriendo desde que subí al Tacaná: la percepción de cristales que se rompían con violencia. Estaba empezando a tener problemas de relación con mis vecinos pues yo estaba convencida de esos ruidos terribles y llamaba a la policía todas las noches. Creí que enloquecía. Después de esa experiencia en casa de Berroa en la que desperté muerta de llanto, cesaron las atormentadas visitas...

Noviembre 10, 1999. REBECA: Subí el cerro del Peregrino en Guerrero. Descubrí que tenía la facultad ya de comunicarme con las montañas. El cerro y yo platicamos sobre las últimas batallas libradas en éste por la Independencia de México. La comprensión de lo que México debía ser y no era me atormentaba. Ya estaba despierta. Y empezaba a percibir las señales de este despertar.

Diciembre 2, 1999. REUNIÓN CON SANTIAGO PANDO: Por otra "casualidad" del destino nos reunimos en casa de Santiago Pando que estaba creando las ideas para la campaña de Vicente Fox. Le relatamos a Santiago la fantástica historia del proyecto guiado por Regina, Santiago a su vez nos contó una historia parecida, en donde diversas entidades le mandaban los mensajes y símbolos que se debían utilizar en la campaña. Santiago nos dijo que recibió primero la comunicación de la campaña que ganaría la presidencia de México y que su hijo Daniel fue quien decidió quién era el candidato que debería trabajar con su padre. Ese día conocimos al niño Daniel. Al igual que nosotros, está también conectado con el gran cambio que pronto se dará en las consciencias [sic] de los mexicanos.

Enero 29, 2000. REBECA: Me acerqué al equipo de Vicente Fox para invitarle a develar la placa de *La dama de negro*. Empezaba a gestarse en mí, alimentada por el pensamiento de Rubén Fernández y los acontecimientos que habían transformado mi vida, la vocación por México.

Febrero 2000. Las señales de que México está despertando son inequívocas. Antonio continúa componiendo el musical y Alex escribiendo las letras. De manera en apariencia casual, Antonio y Rebeca empiezan a vivir experiencias similares como si se tratara de una existencia en espejo. Empieza una prueba del corazón para ambos, pero al mismo tiempo que el amor humano toca por primera vez sus corazones, empieza a comprender, paralelamente, el amor por nuestra patria.

Aún más, en este diario, Antonio Calvo reveló cómo fue el mensaje que le indicó la manera de componer las canciones y ayudar así a Vicente Fox en su lucha para "sacar a patadas de Los Pinos al PRI", como pregonaba el candidato panista alzando la mano con la "V" de la victoria. En los mensajes espiritistas había muchas señales entrecruzadas, en todas las cuales salían a relucir diversos ángeles, la Virgen María y varios símbolos prehispánicos. Se trata del *new age* mexicano en su máxima expresión.

Mayo 2000. TOÑO: Conocí a una señora médium de Seattle que trabajaba con los ejecutivos de Microsoft en lectura de manos. Me leyó la mano y me dijo que debía componer una música con las vibraciones de la victoria que utilizaba Beethoven en su *Quinta Sinfonía* y que consistía en el patrón rítmico …—, tres puntos y una raya, que equivalían a la clave morse de la letra "V". Yo le conté que ése era el símbolo de la campaña de Fox y que lo había utilizado Regina en 1968.

Mayo 3, 1999. TOÑO: Pensé en hablarle inmediatamente a Santiago Pando para decirle que utilizaran esta vibración en la música de la campaña, pero antes de que le pudiera llamar… se dio otra de las "casualidades" de esta aventura: Me llama Santiago y me pide componer una música para cerrar la campaña de Fox y que despierte la consciencia [*sic*] de los mexicanos antes de las elecciones del 2 de julio.

Mayo 5, 2000. TOÑO: Santiago me dijo que el fin comercial de la campaña era un acto de psicomagia en donde iba a generar la victoria en la mente del público antes de que ocurriera, de modo que la música debería celebrar ese triunfo anticipado. Santiago me sugirió que fuera una porra diciendo: ¡México, México, ya-

ya-ya! Pero yo le dije que según el mensaje de la médium la vibración correcta eran tres impulsos cortos y uno largo de modo que la música tendría que decir "México ¡Ya!"

Sentí que la fuerza de esa vibración debería de ir compensada con una contraparte más dulce y femenina ya que los mexicanos no tenemos el temperamento germánico. Decidí suavizar la música con una línea de violines... cuando la estaba componiendo, descubrí que la línea de violines se parecía mucho al *Ave María* de Bach/Goudonov.

En ese momento entendí que eso era lo que necesitaba la música, la fuerza femenina de la Virgen María que había estado presente en todos los cambios importantes de la historia de México. Cambié los violines y ahora la orquesta tocaba el *Ave María* mientras el coro decía "México ¡Ya!" También utilicé en la música instrumentos prehispánicos y el coro recitaba el mantra sagrado del país "Me Xich Co". Las vibraciones que produce esta música comenzaron a hacer efecto en los mexicanos.

Junio 14, 2000. TOÑO: Iba escuchando unas canciones del musical en el coche cuando de pronto sentí que esa música se tenía que tocar en el zócalo, durante el cierre de campaña de Fox. Le intenté hablar a Santiago Pando para contarle esto pero mi celular no tenía pila. La sensación fue tan intensa que me bajé del auto en la primera esquina y le hablé desde un teléfono público.

Junio 15, 2000. TOÑO: Se organizó una junta en la oficina de Paco Ortiz en la casa de campaña con los productores del evento de cierre de campaña. Les dije que teníamos que hacer un ritual con la música y estrenar dos canciones de Regina para empezar a despertar la conciencia [*sic*] colectiva de México.

Junio 24, 2000. TOÑO: Se estrenan en el zócalo, ante más de dos millones de personas dos canciones de Regina en la ceremonia de cierre de campaña de Vicente Fox. Antonio utiliza la grabación del ritual practicado en mayo del 92 por lamas tibetanos en la Pirámide del Sol.

Junio 28, 2000. REBECA: Viajo con Antonio a Guanajuato. México estaba feliz. Podía verse en la naturaleza. En el cierre de campaña de Vicente Fox suena la *Quinta* de Beethoven. El escenario del triunfo estaba puesto. Yo no podía dejar de llorar de alegría.

Julio 2, 2000. REBECA: A las 11 p.m., el presidente Zedillo ratifica el triunfo de Vicente Fox en las elecciones, la música creada por Antonio suena por toda la ciudad. Comienza una nueva etapa en el despertar de México: "México ¡Ya!"

Efectivamente, el 2 de julio de 2000 Vicente Fox ganó por un margen importante a Francisco Labastida y Cuauhtémoc Cárdenas. El primero de diciembre, el ranchero guanajuatense tomó posesión en el palacio legislativo de San Lázaro, en un hecho histórico. Terminaba la hegemonía de siete décadas del PRI. Después de la ceremonia constitucional, Fox se fue hacia el Auditorio Nacional, donde, como ya hemos dicho, se le entregó una cruz y una imagen de la Virgen de Guadalupe, rompiéndose así la tradición laica de la política mexicana. La fiesta continuó después en el zócalo de la capital y fue animada por Eugenia León y Manuel Mijares, que cantaron una de las piezas compuesta por Alejandro Slucki, "Amanecer".

EL ESOTERISMO DEL YUNQUE

El gobierno de Vicente Fox, se ha visto con el paso del tiempo, resultó ser uno de los más extraños que ha tenido el país. No sólo por los yerros que tuvo desde el principio y hasta el final del sexenio, sino también por la presencia del grupo místico que le ayudó desde la campaña, por los actos de brujería y hechicería que hizo Marta Sahagún en la residencia oficial de Los Pinos y por la intromisión de un grupo iniciáti-

173

co y clandestino, de corte esotérico, que practica ritos en los que se mezclan símbolos de la religión católica, un grupo que desde su origen ha buscado gobernar el país.

Se trata de la Organización Nacional El Yunque, agrupación de la ultraderecha católica, de estructura paramilitar, anticomunista y antisemita, que se mantuvo en la clandestinidad durante más de cuatro décadas, hasta que fue revelada, en 2003, por el reportero Álvaro Delgado en su libro *El Yunque. La ultraderecha al poder.*[12]

Desde que se formó, a mediados de la década de 1950 en la ciudad de Puebla, y también en el Bajío, el Yunque congregó a un grupo de personajes sumamente religiosos que se asociaron en la clandestinidad mediante rituales iniciáticos, similares a los de otras sectas rechazadas por la religión católica, pero que comparten un objetivo similar: alcanzar el poder. Los hombres y las mujeres de esta organización, aunque evidentemente no recurrieron a la brujería o a la santería, sí invocaron a Dios y a entes milagrosos en aras de introducirse en el poder público y en la Iglesia, para después acabar con sus enemigos, en una especie de cruzada clandestina contra las tentaciones del mal.

En 1972 el Yunque creó su propia congregación dentro de la Iglesia, la Sociedad Cruzados de Cristo Rey, que hoy en día es reconocida por el Vaticano. A nivel político, los militantes de la organización se metieron en el PAN, consiguiendo hasta la presidencia del partido por medio de Luis Felipe Bravo Mena, primero, y de Manuel Espino, después. Más tarde, con el foxismo, llegarían incluso a la residencia presidencial.

De acuerdo con la investigación de Álvaro Delgado, varios integrantes del Yunque se insertaron en el gobierno ocupando puestos clave. Uno de sus miembros más importantes, Ramón Muñoz, se convirtió en uno de los hombres más poderosos del país, al desempeñarse como coordinador de la Oficina de la Presidencia para la Innovación Gubernamental. Otro miembro prominente de la organización que se integró al PAN fue Manuel Espino, quien primero ocupó la secretaría general y luego la presidencia nacional del partido. Sin embargo, como otros miembros de la organización, Espino negaría su militancia.

En lo que corresponde al sector empresarial, el Yunque se introdujo en la vida pública por intermedio de Jorge Ocejo Moreno, quien fue presidente de la Confederación Patronal de la República Mexicana (Coparmex), organismo empresarial en el que también estuvo uno de los yunquistas más importantes, Guillermo Velasco Arzac. En el ámbito de las organizaciones sociales, los miembros del Yunque conformaron las agrupaciones Desarrollo Integral y Acción Ciudadana (DIAC), Asociación Nacional Cívica Femenina (Ancifem) y Provida. Mientras que en los centros de educación, se extendieron hacia la Universidad LaSalle, la Universidad Popular Autónoma del Estado de Puebla (UPAEP) y la Unión Nacional de Padres de Familia (UNPF).

La lista de funcionarios y políticos integrantes del Yunque que reveló Álvaro Delgado es larga, impresionante e interminable, por lo que vale la pena destacar algunos nombres: Ana Teresa Aranda, quien durante el foxismo se desempeñó como directora del Sistema para el Desarrollo Integral de la Familia (DIF) y, luego, como coordinadora de la Fundación Vamos México, cuando Marta Sahagún decidió retirarse para buscar la candidatura presidencial. Al final del sexenio, llegó incluso a ser la secretaria de Desarrollo Social, implantando la filosofía asistencial del Yunque. Con el gobierno de Felipe Calderón se convirtió en subsecretaria de Población, Migración y Asuntos Religiosos de la Secretaría de Gobernación. Sin méritos académicos, apenas terminó los estudios medios, Aranda es uno de los cuadros más disciplinados del Yunque.

También vale la pena señalar a Guillermo Velasco Barrera —hijo de Guillermo Velasco Arzac—, quien se desempeñó como jefe de asesores de Marta Sahagún en la Dirección General de Comunicación de la Presidencia, antes de ser nombrado director de relaciones públicas de la Fundación Vamos México, donde se encargó de vincular a organismos de proderecha, como la UNPF, que apoyó la *Guía para padres de familia*.

Otro nombre es el de Carlos Abascal, quien se desempeñó como secretario del Trabajo y, al final de sexenio, como titular de la Secretaría de Gobernación, donde se hizo famoso pues a su llegada, en lugar de la tradicional imagen de Benito Juárez de las oficinas del Palacio de Covian, impuso un enorme crucifijo ante el que rezaba siempre que debía tomar una decisión de Estado.

Muchos miembros del Yunque siguen manteniéndose en mandos medios del gobierno de Felipe Calderón, como ha citado el reportero Álvaro Delgado. Nuestro interés no es hacer un repaso de la infiltración que ha logrado la organización, sino destacar su parte esotérica, fundamental para entender la misión pública de esta agrupación aún clandestina.

Todos los miembros del Yunque, cuando entran a la organización, tienen que cumplir el mismo requisito, tal como lo hizo el actual senador Ramón Muñoz, que ingresó llevando a cabo el rito de iniciación, un rito que bien puede ser calificado de esotérico, en el sentido estricto de la palabra: "conjunto de conocimientos, enseñanzas, tradiciones, doctrinas, técnicas, prácticas o ritos de una corriente religiosa o filosófica, que son secretos, incomprensibles o de difícil acceso y que se transmiten únicamente a una minoría selecta denominada iniciados, por lo que no son conocidos por los profanos".

La ceremonia de iniciación del Yunque, está cargada de símbolos: el "padrino" y los participantes visten pantalón negro y camisa blanca, portan un brazalete en el brazo con el emblema de la organización, una "Y" roja con una forma de cruz en la parte de abajo, que resalta sobre un fondo blanco. Los colores también tienen un significado: el blanco "por la pureza de los ideales", el negro "por el luto de los mártires" y el rojo "por la sangre que estamos dispuestos a derramar".

Con algunas variantes, dependiendo del perfil de las agrupaciones que han formado la Organización Nacional El Yunque, los adornos de la ceremonia también son emblemáticos: sobre una mesa con delantal blanco, iluminada por un par de velas, se dispone un crucifijo, la Biblia y un rosario; o también un crucifijo, un puñal y una calavera. Son las representaciones de la fe en Cristo, la supeditación a la Iglesia, la creencia en las sagradas escrituras, el compromiso hasta la muerte y la decisión de cumplir, incluso con la vida, las órdenes de los jerarcas.

El iniciado escucha al "padrino", que entra al salón de manera marcial y saluda con un golpe en el pecho, estirando el brazo hacia el frente, como hacían los nazis. Las oraciones son parte de una liturgia donde aparecen santos y vírgenes. Por ejemplo, se pronuncia la de San Luis Rey:

> *Señor, enséñame a ser generoso,*
> *a servirte como lo mereces,*
> *a dar sin medida,*
> *a combatir sin miedo a que me hieran,*
> *a trabajar sin descanso,*
> *y a no buscar más recompensa*
> *que saber que hago tu santa voluntad.*

O la oración de Ramón Moreno Plata, considerado el estratega de la organización, hasta que fue asesinado el 24 de diciembre de 1979, por otra organización de ultraderecha, Los Tecos, con la que el Yunque tuvo diferencias mortales:

> *Ante ti, María Reina, Madre de Dios y de la Iglesia,*
> *reiteramos nuestra posición intransigente*
> *frente al error y el pecado.*
> *Y sabiéndote medianera de todas las gracias,*
> *imploramos intercedas ante Dios providente*
> *para que nos conceda la fortaleza*
> *y constancia necesarias*
> *como instrumentos de tu causa.*
> *Virgen del Tepeyac, suple con tus virtudes nuestras*
> *[flaquezas.*
> *Mantén firme nuestra vocación, protégenos en la lucha*
> *y guía nuestros pasos para la defensa de tu reinado*
> *[en Hispanoamérica.*
> *Pues ésta es una empresa de santos*
> *y tu divino Hijo ha escogido pecadores.*
> *Así sea.*

La respuesta del iniciado es una mezcla de misticismo marcial, en la que éste se compromete a defender a la organización por encima de todo:

Yo, en pleno uso de mis facultades y sin reservas mentales de ninguna especie, juro por mi Dios y por mi honor de caballero cristiano, servir leal y patrióticamente a las actividades y propósitos de esta Organización, dándole primordialidad sobre cualquiera otra y mantener en reserva su existencia y sus fines, así como los nombres de sus integrantes.

El iniciado también puede contestar:

Primero: No decir nada de lo que es la organización del Yunque ni de sus actividades, ni siquiera a su familia. Segundo: No dejar de hacer nada de lo que le ordena la organización: Y tercera: Trabajar por la organización antes de cualquier otra obligación, ya sea de esta manera familiar, escolar o laboral.

De esta manera queda sellado el compromiso de trabajar por la organización y por los principios religiosos aun antes que por la familia. Además, se promete luchar, hasta con las armas, contra los enemigos principales: el socialismo, el comunismo y el judaísmo.

Y así lo han hecho los miembros del Yunque. De acuerdo con la historia de la organización, algunas de las agrupaciones que integraron el Yunque, como el Muro, realizaron acciones de choque contra quienes consideraban miembros de la izquierda comunista, es decir, estudiantes en la UNAM. Reprimieron a periodistas como Miguel Ángel Granados Chapa, apoyaron la matanza de Tlatelolco en 1968 y la represión a los maestros de 1971, efectuaron actos públicos contra el aborto y contra la Revolución cubana. También se declararon en contra de los masones y del pueblo judío. Es importante destacar esta parte porque se trata de uno de los rasgos más autoritarios y racistas del grupo, que hoy es parte del PAN y que, por lo mismo, comparte el ejercicio del poder.

Uno de los libros de cabecera de los integrantes del Yunque es el famoso *Protocolos de los sabios de Sión*, en el que se toma como una verdad absoluta la existencia de un gobierno judío secreto, que mediante una red internacional, domina partidos políticos, medios de comunicación, bancos, organismos financieros y gobiernos nacionales con la intención de apoderarse del mundo. Los yunquistas son fieles creyentes del mito de la existencia de una conspiración judía internacional, que es parte de aquella vieja tradición "demonológica" del sector más retrógrado de la Iglesia católica, quienes asignan a este pueblo la responsabilidad de haber sacrificado a Jesús.

Sobra decir que los *Protocolos de los sabios de Sión* son absolutamente falsos, según varias investigaciones ya publicadas. El libro es una copia hecha a modo de un cuento de 1868, escrito en Alemania por Hermann Goedsche, un ex funcionario del correo prusiano que, al quedarse sin trabajo, comenzó a escribir, primero en el diario *Die Preussische Kreuzzeltung*, y después algunas novelas, bajo el seudónimo de John Retcliffe.

En el capítulo "Cementerio judío de Praga", de la novela *Biarritz*, Goedsche inventó una reunión, en un cementerio, donde los "jefes" de las 12 tribus de Israel hablaban con el diablo. Ahí, los líderes hebreos informaban sobre sus actividades y daban a conocer sus planes, afirmando que "después de siglos de opresión, Israel derribaría a sus enemigos gracias al oro que recibieron". Y sentenciaban "que la Tierra les pertenecería y que, a través del mercado de valores, transformarían en deudores a todos los gobiernos".

En 1872, el cuento de Goedsche apareció nuevamente en San Petersburgo, en un folleto en que se aclaraba que se trataba de un relato ficticio, aunque con "bases reales". A partir de entonces comenzó a crearse el mito de los *Protocolos de los sabios de Sión*, con lo que empezaron a circular más folletos tanto en Rusia como en Checoslovaquia y Francia. Estos pasquines se basaban en el "auténtico programa judío del Gran Rabino John Readcliff", así como en la obra inédita de un diplomático inglés, sir John Readcliff, nombre casi idéntico al seudónimo utilizado por Goedsche, John Retcliffe.

Hacia 1896, el folleto se publicó como el *Discurso del rabino*, y fue utilizado por agitadores antisemitas durante varios años. Más tarde, en 1905, Serguei Nilus, escritor místico ruso, publicó la tercera edición de su libro *Lo grande y lo pequeño; El Anticristo considerado como inminente posibilidad política*, en la que insertó una primera versión de los *Protocolos*, sin citar las fuentes originales.

Según Nilus, se trataba de la traducción al ruso de las copias del documento original, escrito en francés. Posteriormente, aunque Nilus no pudo probar la autenticidad de la obra, ésta fue aprobada por los censores de Moscú y en 368 sinagogas rusas se pronunció un sermón citando el texto. Durante años, la veracidad de los *Protocolos* fue puesta en tela de juicio en diversas ocasiones. Pero no fue sino hasta 1921 cuando se demostró su impostura.

El corresponsal del *London Times* en Constantinopla, Phillip Graves, encontró en el Museo Británico una copia de la obra *Diálogo en el Infierno entre Montesquieu y Maquiavelo*, escrita por un abogado francés llamado Maurice Joly y publicada en Bruselas en 1864. Descubrió que gran parte de los *Protocolos* copiaban párrafos enteros de esta obra, proscrita en Francia porque trataba de desacreditar al Segundo Imperio de Napoleón III. Joly había sido arrestado, juzgado y sentenciado a 15 meses de prisión y los ejemplares de su libro, que recrea una conversación ficticia entre Maquiavelo y Montesquieu, fueron confiscados. Hoy en día, el libro de Joly se ha convertido en una obra clásica de la teoría del Estado.

El reportero del diario inglés comparó el libro de Joly con el de Nilus y encontró que 16 de los protocolos —esto es, dos quintas partes del texto— estaban basados en los párrafos de Joly. En nueve de los capítulos el plagio es de más de la mitad del texto, mientras que en otros es de tres cuartas partes. El séptimo protocolo es, por su parte, una copia íntegra. Fue así como Nilus atribuyó a los líderes judíos la actitud conquistadora del Maquiavelo que recrea Maurice Joly.

A pesar de que el fraude se descubrió y denunció, los seguidores de la teoría de la conspiración judía desacreditaron las pruebas y siguieron su lucha ciega contra el pueblo semita.

En Alemania, esta teoría se utilizó para justificar la derrota en la primera Guerra Mundial, después de la cual surgieron más y más seguidores de los *Protocolos*, que fueron también la base teórica del movimiento Nacional Socialista (nazi) de Adolfo Hitler.

A México, los *Protocolos* llegaron en la década de 1940, pero no fue sino hasta mediados de la de 1950 cuando la retomaron los grupos de ultraderecha como el Yunque, quienes los integraron a sus principios. Al igual que los movimientos antisemitas europeos, los yunquistas le adjudican al pueblo judío la responsabilidad de la ideología francmasona, el comunismo y el libre pensamiento.

Es claro que para el Yunque los judíos, masones y comunistas son los enemigos a vencer, pues los acusan de adueñarse de la educación para sembrar ideas que van en contra de la moral y de la Iglesia; de promover el comunismo para realizar una revolución mundial que altere la estabilidad social, y de pretender subyugar a otros pueblos con el imperio del mal.

No es extraño, entonces, que en su formación sectaria, es decir, de grupo político-religioso creado en la secrecía, con reglas de conducta para sus integrantes, con una mezcla de símbolos católicos y paganos (el crucifijo, la Biblia, la calavera, el cuchillo, la bandera nacional y el yunque), durante sus primeros años, cuando estaba en pleno la llamada "guerra fría", haya apoyado toda manifestación persecutoria hacia el judaísmo, lo mismo que contra el comunismo y los masones, a quienes ven como amenazas mundiales. Con el paso del tiempo, el Yunque modificó algunas de estas luchas, en especial la de combatir el judaísmo, aunque contra el comunismo, confundido con el socialismo, y contra los masones, se manifestaron públicamente.

Al poco tiempo de llegar a Los Pinos, la imagen de Benito Juárez, uno de los masones más importantes de la historia mexicana, fue retirada y arrumbada en la oficina de la Secretaría de Gobernación, mientras diversos miembros del Yunque asistían a misas públicas y condenaban políticas públicas de salud, como el aborto y el uso del condón. Guillermo Velasco Barrera, al poner en contacto a la Unión de Padres de Familia con la fundación Vamos México, dio el perfil conservador a la *Guía para Padres de Familia*, que pretendía convertirse en el eje moral de la educación básica de millones de niños mexicanos. Vale la pena recordar, por ejemplo, la condena ética que se hacía en la *Guía* de la masturbación.

Rota la secrecía, en la que se movieron durante décadas, algunos de los integrantes del Yunque se mostraron públicamente. Manuel Díaz Cid, profesor e investigador de la UPAEP, reconoció ser miembro fundador del Yunque desde 1955, y aceptó asimismo varios de los errores históricos de la organización, como creer que había una conspiración mundial contra el cristianismo y que sus "enemigos", los comunistas y masones, eran dominados por los judíos.

En una entrevista con *La Jornada de Oriente*, el 25 de agosto de 2003, negó que existieran sesiones iniciáticas en el Yunque, no obstante que para entonces se habían difundido diversas versiones al respecto en varios medios, y a pesar de que se había dado a conocer un video. Díaz Cid admitió que ya no era necesario seguir en la clandestinidad, pues habían sido rebasados por la apertura democrática.

El profesor universitario reveló que desde hacía cinco años había abandonado la organización, pero que ésta permanecía "sólida, creciente, fuerte" y con ideas y causas vigentes. El Yunque, dijo, pretende "evangelizar las instituciones públicas mediante la filtración de todos sus miembros en las altas esferas del poder público". Aún más, se plantea establecer "el reino de Dios en la Tierra".

Y en eso, ya advirtieron, no va a cambiar.

IV. Los nuevos tiempos

Como hemos visto desde el inicio de este libro, a lo largo del siglo XX ha sido constante, entre los hombres y mujeres del poder en México, el conocimiento, la difusión y la práctica de distintas corrientes religiosas, así como de creencias esotéricas, todas las cuales han influido de manera importante en algunas de sus decisiones públicas.

Si desde las postrimerías del siglo pasado y hasta mediados del mismo se puede observar una fortísima presencia del espiritismo, a últimas fechas constatamos que son los brujos, hechiceros, chamanes y videntes quienes han ganado terreno, convirtiéndose en los principales consejeros de los políticos más poderosos.

Pero la cosa no ha parado ahí. Durante las últimas décadas han aparecido nuevas tendencias religiosas y esotéricas, enmarcadas en el *new age* y en el *boom* de las religiones afrocaribeñas, a las que también se han acogido diversos miembros de la clase gobernante.

Hoy en día no resulta extraño enterarse de que un sector de la clase poderosa se haya hecho devoto de alguna de estas creencias o prácticas religiosas, ya no como un intento por ver el futuro o buscar claridad ante las opciones que se presentan en el ejercicio del poder público, sino como parte de su ambición por extender el poder a todos los rincones, controlando o incluso buscando anular a sus enemigos. Algunos de estos nuevos rituales están relacionados con la "santería", el vudú y el culto a la Santa Muerte.

Los casos que hemos podido acreditar son los de Marta Sahagún y Elba Esther Gordillo, quienes, según sus ex colaboradores, han acudido a la práctica de estas expresiones religiosas para hacerse de más poder. Pero seguramente hay otros políticos que también se acercan a estos cultos, manteniéndolos en el ámbito de su vida privada hasta que se torna necesario llevarlos al espacio público, como suele suceder en el transcurso de las campañas políticas, justo cuando la lucha por el poder se acrecienta y da paso a una especie de "guerra de brujos", de la que sabemos menos de lo que deberíamos.

Como expresión de estos nuevos tiempos esotéricos, resulta sintomático que en varios de los grandes panteones de la Ciudad de México se haya registrado el robo de cadáveres, cuyos huesos son vendidos a santeros que se dedican a practicar el palo mayombe, un culto africano y caribeño en el que se usan huesos humanos.

De igual manera, es impresionante el crecimiento en la venta de artículos religiosos afrocubanos, tanto en los negocios de plazas comerciales de renombre como en muchos de los mercados populares del Distrito Federal y de otras ciudades del país.

Hoy no es difícil encontrar los lugares donde lo mismo se venden libros de las nuevas religiones, "hechizos de amor", velas negras para la santería y remedios para el mal de ojo, que yerbas para una "limpia", con su respectivo huevo blanco o negro, y con la imagen de la Virgen de Guadalupe.

En esta era, moderna y sofisticada, a contrapelo de la globalización galopante y en medio de las crisis políticas, económicas y hasta religiosas, surge una argamasa de credos consagrados a nuevos santos, como Benito Juárez o Pancho Villa, ante quienes rezan lo mismo los ciudadanos de a pie que los hombres en cuyas manos está el destino de la patria.

En el caso de las religiones africanas, la presidenta de la Sociedad Mexicana para el Estudio de las Religiones (SMER), Yólolt González, ha observado que, desde el tiempo de la Colonia, hubo un proceso de fusión o sincretismo con los cultos indígenas prehispánicos. A diferencia de Cuba y otras islas del Caribe, donde la población autóctona fue literalmente exterminada, en México los cultos de los esclavos africanos no fueron los predominantes sino que se amalgamaron con los de los indígenas, que eran y son muy fuertes.

De ahí que, durante muchos años, los ritos africanos y afrocaribeños no se hayan expresado de manera tan intensa como lo vemos desde mediados del siglo XX, pero sobre todo durante los primeros años de este siglo XXI, en el que la incertidumbre es la característica.

Según la doctora en antropología por la Universidad Nacional Autónoma de México (UNAM) e investigadora de la Dirección de Etnología y Antropología Social del Instituto Nacional de Antropología e Historia (INAH), una parte del estrato social alto del país, formado por artistas y políticos mexicanos, y otro más de extracción popular, son los más proclives a practicar tanto la santería como otras religiones afrocubanas.

Entre los políticos que mencionan se encuentra Lázaro Cárdenas Batel, ex gobernador de Michoacán, nieto del general Lázaro Cárdenas e hijo de Cuauhtémoc Cárdenas Solórzano. En las páginas de la revista *Santería. Ciencia y Religión*, editada en 1994 y dirigida por José Rodríguez Breñas, la investigadora señala que el ex gobernador michoacano estuvo en una celebración santera:

Se anuncian los festejos llevados a cabo en honor de Oshun en varias iglesias de la capital, incluyendo la Basílica de Guadalupe, y un Tambor (en el que se tocan los tres tambores sagrados, o ritual en honor de determinado orisha [santo]) en un centro nocturno en el que participa tocando el "iyá" el actual gobernador del estado de Michoacán, Lázaro Cárdenas Batel, hijo de Cuauhtémoc Cárdenas y nieto de quien fuera presidente de México, el general Lázaro Cárdenas del Río. Lázaro estudió antropología en México y posteriormente música en Cuba, donde se inició en la santería y se casó con una cubana.[1]

La referencia exacta aparece, sin embargo, en otro artículo publicado por Romamy Miranda Gutiérrez en el semanario *Luces del Siglo,* el 5 de septiembre de 2005. En los números 8, de 1994, y 13, de 1995, de la revista *Santería. Ciencia y Religión,* que dejó de circular un año después, aparece Lázaro Cárdenas Batel tocando el "iyá". El "iyá" es, dentro de la santería, el tambor o "batá" mayor utilizado en las ceremonias, instrumento que también es conocido como "la madre" y está provisto de hileras de campanillas (chaworó). Seguramente Lázaro aprendió a tocarlo durante los años que estudió música en Cuba, donde nació la santería, como un sincretismo entre los ritos yoruba de Nigeria y los santos de la Iglesia católica, ambas corrientes traídas durante la conquista por los españoles.

Ésta no fue la primera vez que se haya mencionado la práctica de la santería por parte de este miembro distinguido del clan Cárdenas. En 2001, durante el proceso electoral para gobernador en Michoacán, por las calles de Morelia se distribuyeron cientos de libelos en los que se afirmaba que el candidato del Partido de la Revolución Democrática (PRD) practicaba la "brujería" y el "satanismo", al igual que su esposa Mayra Coffany.

Entre los michoacanos este rumor corrió como reguero de pólvora. Se acusó al experto venezolano en campañas sucias, J. J. Rendón, de llevar a cabo esta estrategia electoral, que, sin embargo, no influyó en los resultados, pues Lázaro caminó rumbo a la victoria sin mayores dificultades.

El propio Lázaro Cárdenas desmintió, cada vez que pudo, durante la campaña y a lo largo de su gobierno, las acusaciones de su participación en los ritos de esta religión cubana. No obstante, quedó el antecedente que ahora confirman la investigadora Yolótl González, así como la periodista Romamy Miranda.

La investigadora de la UNAM señala que desde la década de 1940 se puede rastrear en México la práctica de la santería y el palo mayombe, que llegó al país con las rumberas y sus músicos, quienes venían a trabajar en el mundo del cine y los espectáculos nocturnos.

Una de las más famosas actrices rumberas fue Ninón Sevilla, quien fue traída a México por el director de cine Juan Orol. Ella, al igual que sus músicos, era practicante de la santería. Después de la Revolución cubana llegó Arlette Ramos, también del gremio de bailarinas y hermana de Ultiminio Ramos, el boxeador —también él y su mujer santeros—. Arlette es ampliamente conocida y tiene fama de ser la santera más antigua de México y madrina de innumerables personas. Desde hace tiempo vive tirando las cartas, a través de las cuales diagnostica los males que aquejan al consultante y le prescribe los remedios a seguir, como "limpias", baños, ofrendas, misas espirituales, etc., muchos de los cuales ella prepara y administra.[2]

Asegura que, hasta antes de la década de 1980, eran muy pocos, cerca de diez, los cubanos santeros practicantes en México, "entre estos estaban, precisamente, Arlette Ramos, un mexicano que era comandante de la policía, algunos artistas y Armando Alba, quien inicialmente era espiritualista trinitario mariano y que curaba a través de la posesión del espíritu de Cuauhtémoc".

Sin embargo, el caso de los "narcosatánicos" de Matamoros, ocurrido en 1989, fue un golpe duro para los practicantes de esta religión, que fue vinculada a la hechicería y el sacrificio de personas. Uno de los mencionados en este asunto fue el "padrino" de la banda, el cubano-estadounidense José de Jesús Constanzo, quien practicaba la religión del palo mayombe o palo y que tenía entre sus clientes a famosos políticos y gente de la farándula de México.

Una de las sobrevivientes de la banda fue Sara Aldrete Villarreal, quien reconoció haber sido iniciada en el ritual, tras ser "rayada" por Constanzo en una ceremonia. Hoy, esta mujer de Tamaulipas purga una condena de 30 años en una cárcel del Distrito Federal.

A partir de este hecho, la santería fue perseguida por la policía durante varios años y los santeros ocultaron sus ritos en la clandestinidad. Pero ahora los santeros han salido a la luz. Se les puede ver vestidos de blanco, caminando por las calles durante el año que sigue a su consagración, difundiendo los principios de su religión, todos los cuales señalan que los orishas deben guiar a los seres humanos. Si una persona desea iniciarse en esta religión, debe recibir una "limpieza" para depurarse llamada iyawó. Posteriormente, se le entregan los cinco collares, conocidos como elekes, que representan la protección de los dioses Elegguá, Obatalá, Shangó, Yemanyá y Oshún.

Hoy en día la santería se ha vuelto parte de la cultura latinoamericana, tras su asentamiento como religión en Cuba, donde la mitad de la población la practica. Desde esta isla se ha propagado hacia diversos países del continente.

En México, el lugar en el que se observa con mayor claridad la presencia de este fenómeno religioso es en el mercado Sonora, en el centro histórico de la capital. Y es que si una persona considera que hay alguna maldición o algún "trabajo" que lo esté dañando, debe recurrir a este mercado, donde encontrará al santero que, a través de distintos métodos de adivinación, como el collar de medallones o los cocos, descubrirá el origen del problema.

El mercado de Sonora pasó, durante la última década, de la tradicional vendimia de yerbas curativas al ofrecimiento de imágenes, amuletos, pirámides, budas, velas, figuras de santos y demás objetos para los rituales afrocubanos: yerbas, palos, cascarilla, manteca de corojo, puros, comida para los orishas, collares, soperas, animales y revistas especializadas, así como libros tradicionales como *Los orishas en Cuba*, de la escritora cubana Natalia Bolívar Aróstegui.

Aunque no existen cifras oficiales, algunas estimaciones aseguran que en el mercado de Sonora hay 404 puestos dedicados a la santería. Pero este mercado no es el único lugar al que pueden acudir los seguidores de la santería. Basta navegar por el ciberespacio para encontrar decenas de portales dedicados a esta y a otras religiones afrocubanas, páginas que lo mismo invitan a reuniones que venden productos y ofrecen los servicios de santeros, paleros y brujos. Tan sólo en uno de estos portales están registrados 141 sitios de organizaciones ubicadas en todo el país, que tienen registrados a 22 684 miembros. La mayoría de los *links* de estas páginas llevan a grupos que practican la santería en Estados Unidos, América Latina y España. Hoy en día, en México hay grupos en casi todos los estados del país, sobre todo en los lugares, como el Distrito Federal y Cancún, donde la presencia de la migración caribeña, principalmente cubana, es importante.

El turismo revolucionario y el sexual han dejado de ser uno de los principales motivos de los viajes a Cuba y hoy en día salen aviones hacia La Habana con grupos enteros de mexicanos que viajan en "paquete yoruba", buscando realizar "turismo santero", es decir, llevar a cabo un recorrido por los principales templos yorubas, participar en fiestas de santos e ir a sesiones con los mejores santeros para que éstos les lean los caracoles. Muchos mexicanos también llegan hasta la isla con la intención de acudir a una ceremonia de iniciación santera y regresar al país convertidos en sacerdotes capaces de ofrecer sus servicios a quienes puedan pagarlos.

Por el largo tiempo que permaneció en la clandestinidad, perseguida por la Iglesia católica y la policía, como hemos dicho, la santería aún es confundida con la brujería y con la magia negra. Apenas el 8 de febrero de 2008 se publicó que en Cancún, a plena luz del día, frente a las instalaciones del Consejo Municipal del Instituto Electoral de Quintana Roo, Maritza Burgos, simpatizante del Partido Revolucionario Institucional (PRI), realizó una limpia santera para proteger a sus compañeros.

Maritza, conocida como "la bruja de Corales", colonia popular donde habita en el puerto de Cancún, instaló un altar frente al campamento, colocó cuatro cirios negros, dos veladoras rojas, todas rodeadas con una línea de sal en forma de círculo donde esbozó una figura humana, y degolló una gallina, cuya sangre bebió después. De poco sirvió el conjuro "satánico", como ella misma lo definió, pues al final el triunfo fue para Gregorio Sánchez, el candidato perredista de la alianza "Con la fuerza de la gente".

Hoy en día, los santeros que hay en México ya no son, en su mayoría, ciudadanos cubanos, cada vez hay más nacionales que ofrecen sus servicios a los políticos mexicanos, como sucedió con el ex alcalde de Cancún, Juan Ignacio García Zalvidea, quien, de acuerdo con una nota de Antonio Castillejo de la revista *Proceso*, tomó muchas de sus decisiones guiado por los orishas y por el palo mayombe.

Durante las últimas dos décadas los cultos a santos y deidades nuevas han ido ganando terreno a las costumbres y creencias más viejas, y de alguna manera han llegado para ocupar el vacío provocado por la crisis y la incertidumbre social, así como por los escándalos de pederastia registrados entre los ministros de la Iglesia católica.

Uno de estos cultos está consagrado a la Santa Muerte, que desde el 7 de noviembre de 2001 tiene un Santuario Nacional en el número 35 de la calle Bravo, colonia Morelos, Distrito Federal. Es ahí donde oficia el ex militar de 50 años de edad, David Romo Guillén, quien se hace llamar "monseñor" y asegura que varios "políticos importantes" son devotos de esta deidad. Como todos los demás seguidores de la Santa Muerte, éstos apoyan su difusión.

Un ex colaborador cercano de Elba Esther Gordillo asegura que la maestra es uno de los miembros de la clase política mexicana que se ha acercado a la Santa Muerte, a quien le pide siempre que la ayude a anular a sus enemigos. Como pago a los favores recibidos, la lideresa del Sindicato Nacional de Trabajadores de la Educación (SNTE) ha apoyado, en secreto, la construcción de santuarios en las colonias populares del Distrito Federal.

Según los prosélitos de la Santa Muerte, o Santa Niña Blanca, hoy existen cerca de 20 parroquias en la Ciudad de México, Nueva York y Los Ángeles, California. Se han construido, además, múltiples ermitas en muchas casas, vecindades, cárceles y colonias populares de diversas ciudades del país. Aunque no existe un registro exacto, sus partidarios señalan que actualmente esta deidad tiene dos millones de seguidores en el país, Estados Unidos y Centroamérica, hasta donde el culto ha llegado por medio de los Mara Salvatruchas, quienes adoptaron a la Santa Muerte como su protectora.

En ninguno de los libros o estudios dedicados a esta deidad esquelética se ubican con exactitud la fecha o el origen de la devoción. La mayor parte de los textos señalan que se trata de un sincretismo entre el cristianismo, traído por los españoles, y el culto a la muerte de los pueblos prehispánicos, que durante siglos permaneció oculto entre las clases más pobres del país, saliendo a la luz tras la crisis social y religiosa de los últimos 30 años. Hay quienes aseguran que el culto a la Santa Muerte se dio a conocer en Tapetepec, municipio de Francisco I. Madero, en el Valle del Mezquital, en el estado de Hidalgo, hacia 1965. Otros señalan que, aunque por esas mismas fechas, la devoción al esqueleto comenzó en Catemaco, donde la figura de la Santa Niña Blanca apareció en las paredes de una casa. Pero es en los barrios populares de la Ciudad de México donde el culto a la Señora de las Sombras, también llamada Señora Blanca, Señora Negra, Niña Santa, la Parca o la Flaca, se ha diseminado con mayor rapidez. En el santuario de la colonia Morelos se ha instalado un esqueleto de dos metros de altura, vestido como Virgen y con ropajes de distintos colores. Cada 15 días, en éste, su Santuario Nacional, se le dedican ceremonias a las que asisten entre 200 y 300 personas. Hay fines de semana en los que llegan a acudir más de mil feligreses.

Existen muchas otras ermitas, construidas por manos anónimas o por los habitantes del barrio, donde la Santa Muerte es representada como una figura masculina, vestida de manera tenebrosa, con guadaña y un rosario. También puede ser investida de forma femenina, con una túnica larga blanca de satén y una corona de oro.

El 1º de noviembre, el Día de Muertos, es la fiesta principal de la Santa Muerte. Una noche antes, el 31 de octubre, la gente le reza un rosario y la viste de blanco, como a una novia. En su día —así como el primer lunes de cada mes— se le dedican rosarios nocturnos en los que se bendicen las imágenes que llevan sus fieles, las estatuillas, escapularios, medallas, cajitas y tatuajes. Este culto no guarda mayores diferencias con la liturgia católica cristiana. Los feligreses que asisten al altar rinden pleitesía con la misma devoción con la que lo hacen ante Cristo rey, los santos y las vírgenes: se santiguan, rezan, piden y ofrendan.

El culto a esta deidad, que ha sido calificado como satánico por un amplísimo sector de la Iglesia, se ha extendido por varios puntos del país. En la población de Tula, Tamaulipas, ubicada a dos horas de la capital del estado, se construyó un santuario muy grande donde la gente le va a rezar a la Santa Muerte. El 20 de abril es la fiesta local, a la que asisten cientos de personas desde diversas partes de la entidad así como desde otros estados; estos fieles se acercan hasta el santuario para rendirle culto a la Santa Muerte entre canciones de mariachis.

Por su parte, en el poblado de La Noria, a 18 kilómetros de Sombrerete, Zacatecas, también se reza a la Señora Blanca. En un principio, la Santa Muerte ocupaba un nicho en la iglesia del lugar, pero por órdenes de las autoridades eclesiásticas fue sacada, por lo que sus seguidores se la llevaron a un domicilio particular, donde le dedican las oraciones.

En Tultitlán, Estado de México, se ha edificado una figura de la Santa Muerte de 20 metros de altura. La enorme efigie, cubierta con una túnica y sin rostro, ha provocado el disgusto de muchos pobladores y el rechazo del padre David Romo, que acusó al líder del grupo Santa Muerte Internacional, un predicador radiofónico conocido como el "padrino Endoque" o el "comandante Pantera", de impulsar la construcción de la efigie. Se trata de Jonathan Legaria Vargas, de apenas 26 años, quien murió trágicamente tiroteado el primero de agosto de 2008 mientras viajaba en su carro lujoso en compañía de dos mujeres, dejando descabezada a su propia iglesia.

En Tepatepec, Hidalgo, donde supuestamente nació el culto, el santuario de la Santa Muerte está en la colonia Los Hernández. Se trata de un cuarto pequeño de apenas seis metros de largo por seis de ancho, donde está un bulto esquelético de casi un metro de altura, vestido de blanco, con una capa roja de terciopelo y en cuya cabeza hay una corona relumbrante; la efigie lleva un bastón en la mano.

En la colonia Nueva Hidalgo de la capital, Pachuca, existe un proyecto para construir la primera catedral dedicada a la Santa Muerte, sobre una superficie de mil 500 metros cuadrados, con un costo aproximado de 12 millones de pesos. Al parecer, este proyecto va a concretarse porque las autoridades locales y los comerciantes creen que sería un buen negocio para todos, pues son miles los que acuden al pequeño santuario que, por el momento, hay allí.

En el barrio de Tepito, donde la Santa Muerte tiene más adeptos, hay una decena de ermitas, ubicadas todas en las mismas calles en las que conviven los comerciantes, ladrones, traficantes de armas y de droga con las familias que, desde hace décadas, habitan esta popular zona.

El *boom* de la Santa Muerte ha hecho que ya se tengan registradas ermitas en ciudades fronterizas del norte del país, como Tijuana, Laredo, Ciudad Juárez, Reynosa y Matamoros, y que incluso se ubiquen algunos santuarios en poblados de Coahuila, del Estado de México, de Campeche, de Morelos, de Puebla y de Veracruz. Fuera de México, hay planes para levantar santuarios en Los Ángeles, California, Nueva York y en Centroamérica.

David Romo Guillén, en su calidad de "arzobispo primado de esa agrupación", presentó el 22 de noviembre de 2007, ante la Secretaría de Gobernación, una solicitud de registro como agrupación religiosa con el nombre de Iglesia Católica Tradicional Méx-USA, Misioneros del Sagrado Corazón y

San Felipe de Jesús. La solicitud, por supuesto, fue rechazada. Meses antes, la jerarquía católica había hecho lo mismo. El 13 de agosto de 2007, el presbítero José de Jesús Aguilar, encargado del área de Radio y TV de la Arquidiócesis Primada de México, confirmó que la Santa Sede no avalaba ni, mucho menos, canonizaba a la Santa Muerte. "No avala su culto porque va en contra de todos los principios del catolicismo y de las Santas Escrituras", aseguró el prelado.

Ante estas descalificaciones, David Romo respondió a nombre de su comunidad:

> Nosotros no hemos encontrado nada realmente criticable, o a juicio nuestro, capaz de juzgarse como herético o que desvíe la doctrina o el conocimiento de la fe. Ubicar a la Santa Muerte, en el lugar que le corresponde, que es el de los santos, es lo natural, ya que este ser no necesita de una canonización, como el ángel Gabriel, quien sin necesidad de que un Concilio o de que un Papa lo hubiese nombrado santo, es santo porque es un ángel de nuestro señor.
>
> Para nosotros, no nos hace más, ni menos [católicos] esta situación, es más, hay un lema que dice "lejos de Roma y cerca de Dios" y nosotros preferimos estar cerca de Dios y lejos del Papa.

Mientras las instituciones gubernamentales y la Iglesia cierran las puertas a la Santa Muerte, los fieles crecen y, como dice Homero Aridjis en su novela *La Santa Muerte*, el aumento de la feligresía evidencia la existencia de los dos Méxicos que concurren ante ella: "El de la gente que pide favores o milagros para tener trabajo, salud o comida, y el de los hombres del poder económico, político o criminal, quienes curiosamente le solicitan venganzas o muertes".

Valentina, una indígena chatina analfabeta, que apenas conoce algunas palabras en español, vive en Santiago Yaitepec,
Oaxaca, donde desde hace varios años realiza un ritual de
maíz mediante el cual se comunica con el espíritu de Benito
Juárez, a quien le pide por el bienestar de ciertos políticos de
su estado.

En este pueblo, pegado a Santa Catarina Juquila, donde
está la famosa Virgen del mismo nombre, venerada anual-
mente por dos millones de personas que llegan al lugar desde
diversos puntos del país, Valentina vive del trabajo del campo.
No es médica tradicional ni curandera, como muchos otros
de sus vecinos en Santiago Yaitepec, adonde acuden políticos del estado, como la senadora Cirila Sánchez o el diputado
y ex gobernador José Murat, para que les hagan trabajos y
limpias.

Un día, cuando Valentina sentía que estaba en peligro la
vida de sus dos hijos, fue a pagar una misa a la Virgen de
Juquila, a quien le rezó fervientemente. Sus oraciones surtieron efecto y la Virgen le dijo que los caciques del pueblo
querían dañar a sus vástagos, así que para evitar el daño, esa
noche, en sus sueños, ella le daría el mensaje que le ayudaría
a protegerlos. Llegada la hora, Valentina tuvo un sueño en el
que la Virgen de Juquila le decía que debía ir a la montaña
para encontrar a la Santa, es decir, para hablar con los espíritus a través de los hongos. Así lo hizo.

Apenas unos días después del sueño, Valentina se adentró
en las montañas mazatecas y comió el primer hongo que encontró en el camino, siguiendo las instrucciones de la Virgen.
La Santa, como se le llama a los hongos alucinógenos de la
montaña, le ayudó a ver lo que le iba a pasar a sus hijos y le
dio la salida: que se encomendara al espíritu de Benito Juárez

porque éste tiene una fuerza muy poderosa, grandiosa y libertaria, una fuerza que cada vez es más grande y que tiene que aprovecharse. Ese día, la Santa no sólo le dijo que protegiera a sus hijos, sino también al encargado de las oficinas del Instituto Nacional Indigenista (INI), Armando Contreras Castillo, quien desde hacía poco había llegado a ese puesto, desplazando a los caciques de Juquila, quienes ya lo tenían entre ojos.

Valentina cumplió con todo lo que le pidió la Santa, o casi con todo: le ofreció una misa a la Virgen de Juquila, encomendó a sus hijos al espíritu de Benito Juárez, pero se olvidó de hablar con el funcionario para advertirle del peligro que corría; los caciques de la región querían retomar el poder del INI y aprovechar así los recursos públicos. Un día se presentó ante Armando Contreras y le confesó que había desobedecido a la Virgen y a la Santa, pues no le había dicho nada de lo que le podía pasar. Para resarcir el incumplimiento, lo invitó a su casa para hacerle un rito con el maíz y decirle lo que tenía que hacer para protegerse. Armando Contreras, ex funcionario del gobierno de Oaxaca, recuerda que al llegar a casa de Valentina escogió una mazorca de maíz de regular tamaño y lo desgranó mientras Valentina entonaba algunas oraciones católicas, pero en lengua chatina. Luego puso los dientes del maíz en un pañuelo y le pidió al funcionario que le dijera qué era exactamente lo que quería. Una y otra vez acomodó los granos, hasta que por fin vio con claridad lo que le decían los espíritus, recuerda Contreras.

Le dijo que fuera a pagar una misa a la Virgen de Juquila, que también fuera a rezar a otras iglesias, porque los que le querían hacer daño eran poderosos y necesitaba la protección de varios santos, y que fuera al pueblo de Guelatao, donde nació Benito Juárez, a poner una veladora ante la estatua del Benemérito que hay en ese lugar, encomendándose así a su espíritu. "Benito Juárez es un espíritu que está caminando y que cada vez es más fuerte y poderoso, puede ayudar a la gente y hay que aprovecharlo", dijo la indígena chatina.

Armando siguió al pie de la letra las instrucciones de Valentina, fue a Juquila y pagó una misa, fue a las demás iglesias y se encomendó a todos los santos, viajó a Guelatao y puso la vela en la estatua de don Benito. Luego regresó a Santiago Yaitepec, donde lo que había anunciado Valentina habría de cumplirse: diez días después de los hechos narrados, un grupo de caciques de la región fueron a amenazarlo hasta sus oficinas, le dijeron que se fuera y le presentaron una carta, supuestamente firmada por las comunidades de la región, en la que se exigía su renuncia. Los caciques venían acompañados por un grupo de hombres armados que le advirtieron a Armando que iban matarlo. Las amenazas surtieron efecto y el funcionario dejó el instituto y las obras que estaban pendientes, como la inauguración de una gasolinera en Juquila. Valentina le dijo que el espíritu de Juárez lo había protegido y que le había dicho que se fuera de inmediato. Pero también le pedía que fuera a rezarle a la Virgen de la Soledad y luego a la Virgen de Guadalupe, para que siguiera protegida su carrera política. Hoy Armando Contreras es senador suplente por el PRD, luego de haber colaborado durante un corto periodo en la Secretaría de Asuntos Indígenas, durante el gobierno de Ulises Ruiz.

Especialista en el tema de los pueblos indígenas, asegura que lo sorprendente de este caso es que el personaje más herético de la historia nacional, el masón emblemático de la política nacional, Benito Juárez, hoy es tomado como un espíritu al que le reza la gente para protegerse de la maldad.

SAN PANCHO VILLA

En el norte del país y en el sur de Estados Unidos, a ochenta años de su muerte, Pancho Villa cabalga de nuevo.

Su espíritu es venerado en los estados de Coahuila, Durango, Nuevo León y Chihuahua, así como por los migrantes mexicanos que han cruzado ya la franja fronteriza. El culto al revolucionario ha llegado hasta Chicago y Los Ángeles, donde lo consideran un santo milagroso y le rezan pidiéndole asuntos de todo tipo: dinero, protección, fuerza, amor y, sobre todo, justicia.

El culto al general revolucionario ha sido permanente desde hace más de 50 años. Según los testimonios de los diversos dueños de comercios espiritistas y de ciertos curanderos, desde la década de 1960 la gente se ha acercado a comprar veladoras, imágenes y hasta lociones de Pancho Villa, a quien le dedican una oración especial.

La figura del Centauro del Norte, del bandolero perseguido por el Ejército de Estados Unidos, del general de la División del Norte, está en los altares y su espíritu es llamado también por algunos sanadores del santuario del Niño Fidencio, donde se le rinde culto. La devoción hacia Doroteo Arango, como en realidad se llamaba Pancho Villa, permanece tan vigente que en la efigie que está a la entrada de su pueblo natal, La Coyotada, Durango, la gente llega a rezar y prende veladoras. Otros tantos acuden a la Escuela de Estudios Síquicos Doroteo Arango Arámbula, fundada hace 32 años, donde se ofrecen sesiones y curaciones en las que el espíritu de Villa se hace presente a través de médiums o directamente, vestido de charro blanco. Juana Hernández Juárez, una vieja habitante del lugar, montó la escuela espírita en un cuarto de su propia casa, donde recibe a los peregrinos que van a buscar consuelo o sanación ante el espíritu del general.

Recientemente, doña Juana explicó al reportero Paris Martínez, del periódico *Excélsior*, que el centro sesiona tres veces por semana.

Las actividades de la escuela son dar consejos a las personas, dar sanación y enseñarles muchas cosas que ignoramos: lo síquico. Los días de oración, vienen unas cinco o seis personas, a veces 10, no más. Y los días de sanación tenemos 15, tenemos 20, no es mucha la gente.

En un reportaje publicado el domingo 1º de junio de 2008, el reportero recoge un dato muy interesante. Esbardo Carreño Díaz, cronista del municipio San Juan del Río, donde se encuentra La Coyotada, asegura que desde 1950, aproximadamente, empezaron a registrarse expresiones de fe hacia Villa, pero no fue sino hasta las décadas de 1980 y 1990 —esta última en que el país se enfrentó a la peor crisis económica y social de su historia reciente—, cuando tomó mayor fuerza este fenómeno, que se extendió entre la gente pobre de la zona y los paisanos que viven en Estados Unidos, quienes estaban ávidos de encontrar un bálsamo a sus penurias.

A partir de entonces empezaron a aparecer médiums, como doña Asunción y doña Juanita, que prestan su cuerpo para que el espíritu del general Villa se presente y ayude a la gente más necesitada, a la más pobre de la región. El espíritu del revolucionario no cura a la gente, como el del Niño Fidencio, sino que la auxilia para resolver problemas de justicia, trabajo y dinero, asegura doña Juanita. La gente lo mismo le pide que le ayude a encontrar a sus animales perdidos en los cerros que a recuperar un amor extraviado, pues recuerdan la fama de mujeriego del general.

Alrededor de la figura de Pancho Villa se han escrito muchas historias. Por ejemplo, la del médico Rubén Osorio, quien asegura que fue hijo natural del hacendado judío-austriaco Luis Ferman y de su criada, Micaela Arámbula, quien más tarde habría de casarse con un hombre de apellido Arango, que reconoció a Doroteo como su hijo, dándole su nombre: José Doroteo Arango Arámbula. También se dice que se dedicó a ser bandolero después de que, a los 19 años, mató al hacendado Agustín López Negrete, quien intentó abusar sexualmente de su hermana. Villa mató al finquero y tuvo que huir, juntándose poco tiempo después con la pandilla de bandoleros que comandaba un personaje llamado Francisco Villa, a quien le tuvo tanto aprecio que cuando murió, en homenaje, decidió adoptar su nombre. Otra de las historias afirma que Villa firmó un contrato con una compañía cinematográfica de Hollywood para que se filmaran las batallas del ejército villista, produciéndose así una de las primeras películas de acción de Hollywood.

La historia de Villa como espíritu es, muy probablemente, la más atractiva de todas. A través de ésta, la figura del mítico general se revitaliza en el imaginario social mexicano, más allá de sus gestas revolucionarias. Villa ha entrado al mundo de los mártires y al de los santos, y ya hasta le dedican oraciones especiales:

Oh, Gloriosísimo revolucionario san Pancho Villa, siervo fiel y defensor del pueblo, tú que fuiste encarcelado, herido, perseguido por soldados extranjeros, asesinado, cortado y robada tu cabeza; Tú que con la bondad de tus hazañas, derrotando a los asesinos y traidores contrarrevolucionarios y castigando a los explotadores, hiciste poderosos y fieles a los pobres, nunca serás olvidado porque mucho se te quiere; por eso se te honra e invoca como incansable, combatiente y victorioso, santo patrón de los casos difíciles y desesperados.

También esta otra:

Querido hermano,
tú que supiste vencer
a tus enemigos,
haz que triunfe en mis más difíciles empresas.
Me socorras en mi negocio
y penalidades; a ti invoco de
todo corazón, así pues,
te sirvas darme valor, tú que
fuiste guía de los desamparados y sufridos
dadme tu pensamiento y
tu osadía. Así sea.
(Se rezan tres Padres Nuestros y tres Aves Marías.)

Como hemos dicho, al espíritu del general Villa se recurre, sobre todo, para que haga justicia. En los altares de los curanderos del norte del país, la imagen del revolucionario comparte espacio con Malverde, el santo de los narcotraficantes, con el Niño Fidencio, la Virgen María y Jesucristo. Entre flores, vasos de agua, fruta, cigarros y efigies, Pancho Villa aparece al lado de una vela y una copa de tequila. Según la tradición, si el general se toma la bebida, se cumplirá la petición, para lo que también se reza la siguiente oración:

En el nombre de Dios nuestro señor
invoco a los espíritus que te protejan
para que me ayudes,
así como ayudaste a los necesitados,
así como venciste a los poderosos,
así te pido tu protección espiritual,
para que me libres de todo mal
y me des el ánimo necesario

y el valor suficiente
para enfrentarme a lo más difícil
que se me presente en la vida.
Amén.

La fe en el espíritu de Pancho Villa ha crecido con el tiempo y sus descendientes se muestran asombrados ante el hecho de que la gente se le acerque para contarles que el mismísimo general se les ha aparecido. Helia Villa, nieta del revolucionario, contó al reportero Paris Martínez que en una ocasión, mientras estaba en el pueblo de Roma, Texas, una señora se le acercó para decirle que el general se aparecía en su comunidad cada vez que lo invocaban. Una de esas veces se presentó con un traje de charro blanco de botonadura plateada y le dijo que quería ser padrino de su primer niño. "Parecía un ángel", comentó la señora, quien le confió que ahora su hijo era el ahijado del general.

Al igual que todos los demás santos y espíritus, Pancho Villa también ha entrado en el ciberespacio, de hecho, en internet se pueden comprar todos los implementos necesarios para montarle un altar: velas nacionales y estadounidenses, estampas con su imagen y copias de la oración al caudillo. También puede adquirirse la famosa loción El Centauro del Norte.

Todo para pedirle un deseo: justicia, dinero, protección y amor.

EL MILAGROSO BETITO

El 2 de agosto de 2007, varias de las familias ricas de Monterrey y Coahuila, entre ellas la de María Elena Medina, esposa del empresario Ricardo Salinas Pliego, dueño de Televisión Azteca, esperaban ansiosas la aparición de la Virgen María, como lo había anunciado el joven vidente de 16 años, Alberto Solís, mejor conocido como Betito, "el niño milagroso".

El costo por entrar al predio donde se aparecería la Virgen, ubicado en el Cañón de la Carbonera, en la Sierra de Arteaga, era de mil dólares por persona. No se trataba, entonces, de ningún acto popular sino de uno clase VIP, al que estaban invitados los seguidores de los Legionarios de Cristo. Aquel día llegaron al lugar, calificado por los corredores de bienes raíces como una de las zonas más atractivas para invertir por su belleza y cercanía a Monterrey y Saltillo, cerca de 800 personas. Entre los presentes también estaba Norma Zambrano, ex esposa del empresario y ex candidato al gobierno de Nuevo León, Mauricio Fernández Garza, y diversos miembros de la familia del empresario Ricardo Canavati, ex diputado y ex senador por el PRI.

En lugar de presenciar la aparición de la Virgen, los asistentes tuvieron que pasar el trago amargo de la decepción, pues no hubo advenimiento ni apareció el adolescente Betito. Resulta que Alberto Solís había aceptado la propuesta del obispo de la diócesis de Saltillo, Raúl Vera, de que mejor se fuera a un retiro espiritual, pues se había descubierto que todo lo que decía y hacía era un fraude. La fama de Betito y sus visiones eran utilizadas por los Legionarios de Cristo para lavar su propia imagen.

En un reportaje de Eugenia Jiménez publicado en la revista *Milenio* el 6 de agosto de 2007, se descubrieron las mentiras de Betito, quien aseguraba ser un elegido pues tenía estigmas en los brazos, mientras que en los rosarios que realizaba en su casa se daban los fenómenos de éxtasis, aromas perfumados, pétalos marcados y lluvias de escarcha.

Durante dos años Betito fue famoso por sus supuestas visiones, en las que siempre estaba presente la Virgen María. En el norte del país, su fama era auspiciada, como hemos dicho, por los Legionarios de Cristo, quienes lo llevaban a sus sedes en Tijuana, Ensenada y Monterrey, donde daba mensajes a los alumnos. El mensaje que, según Betito, había recibido de la Virgen era que todos los sacerdotes eran sus hijos y que por eso se les debían perdonar sus errores, cualesquiera que éstos fueran.

Nada más benéfico y providencial para los Legionarios que el mensaje divino transmitido por Betito; así, la congregación se quería lavar la cara. El mismo grupo que durante el foxismo recibió el apoyo incondicional y la asistencia de Marta Sahagún; el grupo cuyo fundador, el padre Marcial Maciel, fue denunciado por abuso sexual a seminaristas, por lo que el papa Benedicto XVI le retiró sus derechos religiosos, estaba seguro de haber encontrado la expiación.

Los milagros de Betito se difundieron aún más gracias al apoyo del grupo Familia en Alianza (Famenal), de corte conservador, fundado en Monterrey en la década de 1980 y, sobre todo, a través de los programas que le dedicó Televisión Azteca, la única televisora que logró en exclusiva una entrevista con Alberto Solís.

El obispo Raúl Vera, conocido por su férreo carácter y por su lucha en defensa de los derechos de los más pobres, hizo que se investigaran los supuestos milagros de Betito y amenazó con poner en "entredicho" (figura canónica que limita los derechos religiosos) a quienes quisieran formar un movimiento místico utilizando la imagen del joven coahuilense. El obispo Vera sospechaba que todo era una mentira, por lo que designó a un grupo de laicos para que investigaran a Betito, a quien se sometió a juicio eclesiástico. Un juicio que, poco a poco, fue desnudando las falsedades en las que basaba sus milagros el niño milagroso.

Se descubrió, por ejemplo, que Betito ponía en su casa aromatizantes de rosas mientras rezaba los rosarios; que, después de un examen de ADN, la sangre divina que había en las hostias era la suya; que trató de convencer a varias mujeres laicas para que dijeran que los milagros que habían recibido eran por su obra y gracia, y, finalmente, que los supuestos estigmas en los brazos se los habían hecho en un negocio de tatuajes.

El 2 de agosto del mismo año, Betito no asistió al Cañón de la Carbonera porque había aceptado la recomendación del obispo Vera y se había ido a un retiro espiritual, donde habría de recibir el apoyo de un psicólogo.

Mientras tanto, como lo informó el reportero Diego Osorno, también en la revista *Milenio*, las familias de los empresarios de Monterrey fueron advertidas por la Arquidiócesis de que no siguieran alentando el movimiento de Betito, pues podrían provocar un cisma dentro de la Iglesia.

Betito, el niño milagroso, no volvió a aparecer y el terreno donde la Virgen María habría de presentarse fue comprado por varias familias poderosas de Monterrey. Con ello, quedó cancelado el intento de salvar la imagen de los Legionarios de Cristo, una congregación con presencia en 20 países de América, Europa y Asia, con más de 650 sacerdotes, dos mil 500 seminaristas y 65 mil miembros del movimiento laico conocido como *Regnum Christi*, en el que está la mayoría de la clase alta de México y algunos políticos como Marta Sahagún y cuya pretensión es extenderse por todo el mundo.

TIEMPO DE PROFECÍAS

El 17 de noviembre de 1994 el Ejército Zapatista de Liberación Nacional (EZLN) celebró 11 años de su fundación. Ese día, el subcomandante Marcos participó en un rito maya del que nada sabíamos los reporteros que acudimos al acto, celebrado en el primer centro rebelde llamado Aguascalientes, construido por los indígenas insurgentes en la comunidad tojolabal de Guadalupe Tepeyac, municipio de Las Margaritas, para realizar la Convención Nacional Democrática en agosto de ese mismo año.

El Aguascalientes era un anfiteatro erigido sobre las faldas de un cerro. Las butacas estaban formadas por los troncos que habían tumbado para hacer el auditorio al aire libre. Cabían más de diez mil personas sentadas y estaba en medio de las cañadas de la selva lacandona. Para hacerlo, los zapatistas tardaron casi dos meses y fue levantado a mano, sin más herramientas que machetes y martillos. Solamente duró siete meses, porque en febrero de 1995, cuando el presidente Ernesto Zedillo giró órdenes de aprehensión contra la dirigencia zapatista, el Ejército quemó el lugar. Sobre el terreno construyó una base militar que hasta hoy sigue funcionando.

Sin embargo, cuando la idea de Marcos se concretó, fue comparada con aquella historia surrealista llevada al cine por Werner Herzog en la película *Fitzcarraldo*, del empresario irlandés Brian Sweeny Fitzgerald, que atravesó un barco por el Amazonas pára hacerse del caucho y construir un teatro en plena selva, hasta el que traería al cantante de ópera más famoso de la época, Enrico Caruso.

Marcos bautizó el lugar con el nombre de Aguascalientes en honor a la famosa Convención Revolucionaria de Aguascalientes, realizada en 1914 por las fuerzas militares del norte y sur del país, que buscaban ponerse de acuerdo y abanderar así un solo proyecto.

Al atardecer de ese 17 de noviembre, miles de indígenas zapatistas llegaron al Aguascalientes y llenaron una buena parte del anfiteatro. Cientos de milicianos encapuchados, formaron una fila doble sobre la planicie ubicada frente al enorme templete, que parecía la proa de un barco cuyas velas eran dos banderas tricolores. El espectáculo era impresionante, pues en medio del bosque tropical, con un calor húmedo y el ruido de las chicharras rezumbando en el aire, los combatientes zapatistas formaron el enorme caracol, con antorchas en las manos, que encendieron al momento en que caía el sol. En medio de la hilera apareció el subcomandante Marcos, quien hizo el recorrido desde afuera hacia el centro del caracol, donde lo aguardaban tres mujeres indígenas de distintas edades: una niña, una joven y una anciana. Las tres mujeres estaban de pie frente a una mesa en la que habían puesto un puñado de tierra, una bala, la bandera nacional, una mazorca de maíz, un recipiente con un líquido rojo y un bastón adornado con tiras de colores.

Aquella tarde Marcos recibió todos estos símbolos: le tiñeron de rojo una mejilla, representando la sangre de los indígenas, le entregaron la tierra para que la defendiera, la bala para luchar, la bandera para encabezar la lucha nacional, la mazorca para recordar el origen de la causa y el bastón de mando de los pueblos indígenas. De esta manera, el subcomandante del EZLN fue ungido como la máxima autoridad del movimiento indígena insurgente más importante en la historia moderna del país, mediante una ceremonia indígena, un rito para iniciados, que tiempo después fue explicado por Nicodemo, uno de los fundadores indígenas del movimiento armado. Se trataba del ritual de la fuerza, un ritual que sólo los indígenas chiapanecos realizan.

El caracol, en el mundo indígena, representa el agua y también el concepto de que el tiempo es cíclico y no lineal. Representa la unidad y la alianza necesaria para destruir al enemigo durante el combate. Marcos, al entrar en el caracol, recibió la fuerza y la encomienda de seguir la lucha indígena sin importar el tiempo lineal, esperando pacientemente el cierre y la apertura de los ciclos. "Cuando llegue el tiempo.

Marcos tendrá que salir del caracol y la lucha habrá terminado", nos dijo Nicodemo.

Al cabo de 25 años de existencia, de los cuales nueve transcurrieron en la clandestinidad, el EZLN ha mantenido su lucha. Hoy sus principales centros de reunión y de gobierno se llaman, precisamente, "caracoles", siguiendo así con la tradición del manejo de los símbolos y los mensajes secretos. Durante todo este tiempo, el EZLN y el subcomandante Marcos han jugado con las fechas y los símbolos como formas de comunicación y puentes hacia la sociedad, pero también hacia los suyos, quienes entienden los mensajes enigmáticos que de vez en vez se envían, como los que aparecieron, entre 1993 y 1994, en el periódico *La Jornada*. Mensajes mediante los cuales se comunicaban los miembros del EZLN, como se señala en un libro de muy escasa circulación, coordinado por Octavio Gordillo Guillén, titulado *Mensajes cifrados*, publicado en 1995.

En este libro un grupo interdisciplinario analizó los anuncios que aparecieron en las páginas del periódico mencionado entre octubre de 1993 y diciembre de 1994, y concluyeron que se trataba de una forma de comunicación de un grupo poderoso que pretendía modificar no sólo el sistema político, sino provocar una reforma estructural en el país. Dichos anuncios eran mensajes cifrados que solamente podían entender los integrantes de este grupo, y al ser interpretados coincidían con el desarrollo y la lucha del EZLN.

En el primer anuncio, publicado el 1º de octubre de 1993, en la página 24, el grupo se identificó como "Fundación Cultural para la Dinastía de la Antigua y Noble Casa Real de México", con un agregado en inglés: "The Last Royal House of México, desde el año de 843 D. N. E."; bajo un dibujo de una de las pirámides de Teotihuacan, adornada con una corona y una estrella, aparecía la siguiente leyenda:

IN MEMORIAM
REGINA TEUTCHER.
Campaña Espiritual
Revolucionaria por la
Presidencia de los Estados Unidos Mexicanos. 2 Oct.
1993, Gómez Palacio, Dgo.

De acuerdo con el análisis de contenido que se hizo del texto y de los símbolos del mensaje, se concluye que se trataba de un grupo que iniciaba una campaña por la presidencia del país, con una referencia clara al libro *Regina*, de Antonio Velasco Piña, en el que se relacionan aspectos "esotéricos" y de "mexicanidad" del movimiento estudiantil de 1968. Este libro, como vimos en capítulos anteriores, se toma como el inicio del despertar de la conciencia del pueblo mexicano.

A partir del siguiente anuncio, y hasta el último que se publicó en *La Jornada*, los mensajes aparecen firmados por el "DR. GERARDO LEÓN HOLKAN". En cada anuncio hay un mensaje informando los pasos que darían dentro de la campaña "espiritual" por la presidencia. Uno de estos mensajes llama la atención por la cantidad de símbolos esotéricos que contiene y por su significado. Fue publicado el lunes 13 de diciembre de 1993, y dice lo siguiente:

EUM
8 Ttekpatl-1968=1981/1 Akatl-1987=2000
8 Tochtli-1994=2000/13 Akatl-1999=2012
Tiempo Cósmico
Mundial
C. E. R. P. C. P. D. L. E. U. M.
Gómez Palacio, Dgo. Dic 13 de 1993.

Es evidente que el mensaje estaba dirigido para los iniciados del grupo, quienes habrían de entender perfectamente su significado. Sobre todo, las referencias del calendario azteca, basado en periodos de 13 años que se traslapan con el calendario electoral presidencial.

Contextualizando las fechas, vemos que los cambios fundamentales del país estarían marcados por el movimiento estudiantil de 1968, la llegada de Carlos Salinas en 1988, el sexenio de Ernesto Zedillo en 1994, el inicio del gobierno panista tras la caída del PRI con los triunfos de Vicente Fox y Felipe Calderón (2000-2006), hasta un nuevo cambio fechado en 2012.

Señalan los autores:

> Parece que tratan de decirnos que es tiempo de construir para continuar, porque al actual, como periodo de transición, sólo le corresponde tender el puente entre otros dos, el reinicio que empezó en 1987 y el de continuidad que concluirá en el año 2012. Ésta es la razón de ser del movimiento: enmendar lo necesario, a fin de que la transición, permita dar luz a dos próximos sexenios.

Mientras que de la referencia del *Tiempo Cósmico Mundial*, interpretan que el grupo estaba lanzando un mensaje místico: "no debemos alarmarnos, nuestras acciones no son buenas o malas, simplemente tienen que realizarse porque así está predestinado y porque somos sólo el medio para llevarlas a cabo".

Durante todo 1994, el contenido de los mensajes publicados en *La Jornada* —un diario que desde entonces es referencia obligada entre los simpatizantes al movimiento zapatista— estaba relacionado con lo que ocurría en el país. Por ejemplo, el primero de enero de ese año, cuando aparece el EZLN, se publica un mensaje en el que se sentencia que ése será un "AÑO DE PRUEBA RICHTER", por lo que piden que se active el "Plan DN-III-E", aludiendo al cisma político que empezaría en todo el país y por la necesidad de aplicar un plan de emergencia.

El 25 de marzo de 1994, dos días después del asesinato de Luis Donaldo Colosio, el grupo le dedica una esquela manifestando:

IN MEMORIAM
LUIS DONALDO COLOSIO
"Retorno a la naturaleza"
Gerardo León Holkan
PRESIDENTE
Gómez Palacio, Dgo. Marzo 25 de 1994.

Hubo otros anuncios, en los que se daban claras instrucciones para moverse de determinados lugares ante posibles amenazas, como el fechado el 3 de mayo del mismo año, en el que piden a las "Familias Moctezuma y Netzahualcóyotl, salir de capital federal" bajo el asunto "Richter 94". Unos más ubicaban fuerzas en Chihuahua, Distrito Federal, Hidalgo, Jalisco, Yucatán, Tabasco y otras entidades, mandándose saludos:

EMILIANO ZAPATA
Los herederos de la
HEROICA DIVISIÓN DEL NORTE
Te saludan ¡Presente!
Gerardo León Holkan Presidente
Gómez Palacio, Dgo., abril 10 de 1994.

Curiosamente, muchos de los anuncios tenían como responsable emisor al "Comando Espacial Ashtar", con lo que se daba nuevamente un perfil esotérico al grupo, que aludía a un jefe militar intergaláctico, Ashtar, quien de acuerdo con la bibliografía sobre el tema será el encargado de salvar a millones de humanos el día en que la Tierra sufra una catástrofe natural.

Los mensajes, que aparecían escondidos en otros anuncios o en notas de información general en las páginas de *La Jornada*, fueron suspendidos el 15 de diciembre de 1994. La decisión fue tomada luego de que agentes del Cisen y del Ejército se presentaron en las instalaciones del periódico, que aún estaban en la calle de Balderas, en el centro de la Ciudad de México, para preguntar quién o quiénes compraban estos espacios y quién los autorizaba.

Para evitar problemas, el director del diario, Carlos Payán, dio la orden determinante de no volver a publicarlos. Para entonces, la persona que iba a comprar los espacios publicitarios, un hombre de 50 años de porte desgarbado, ya había dejado de ir.

Los anuncios que durante 14 meses se publicaron en *La Jornada* son una muestra de la forma críptica, esotérica y hasta mesiánica en que se comunicaban los integrantes del grupo político que estuvo detrás de los acontecimientos más importantes de 1994, desatados por la aparición del EZLN utilizando un lenguaje cargado de símbolos, mensajes cifrados y lanzando profecías sobre el futuro de México, como no se había visto en la historia del país.

BIBLIOGRAFÍA

Aridjis, Homero, *La Santa Muerte,* Alfaguara-Conaculta, México, 2005.

Buchenau, Jürgen, *Una ventana al más allá: Los últimos años de Plutarco Elías Calles 1941-1945.* Boletín 45, Fideicomiso Archivos Plutarco Elías Calles y Fernando Torreblanca, México, enero-abril 2004.

Castillo, Enrique del, *Sesiones espiritistas,* Exp. 85, Inv. 1531, Leg. 2/5, Archivo Fernando Torreblanca, Fondo Plutarco Elías Calles.

Cohen, Esther, *Con el diablo en el cuerpo. Filósofos y brujas en el Renacimiento,* Taurus-UNAM, México, 2003.

Delgado, Álvaro, *El Yunque. La ultraderecha al poder,* Random House Mondadori, México, 3a. reimp., 2007

Gordillo Guillén, Octavio, *Mensajes cifrados,* Grupo CAP, México, 1995.

King, Rosa, *Tempestad sobre México,* CNCA, México, 1998.

Lesta, José y Miguel Pedrero, *Franco Top Secret. Esoterismo, apariciones y sociedades ocultistas en la dictadura,* Temas de Hoy, Madrid, 2005.

Madero, Francisco Ignacio, *Cuadernos espíritas 1900-1908,* Clío, México, 2000.

———, *Escritos sobre espiritismo. Doctrina espírita 1901-1913,* Clío, México, 2000.

———, *Obras completas de Francisco Ignacio Madero. Cuadernos espíritas, 1900-1908*, Clío, México, 2000.

Marrs, Jim, *Las sociedades secretas. El poder en la sombra,* Planeta, Barcelona, 2006.

Murray, Margaret A., *El dios de los brujos,* Fondo de Cultura Económica, México, 2006.

Ortiz Echanizm, Silvia, *Una religiosidad popular: El espiritualismo trinitario mariano,* INAH (Científica 220), México, 2003.

O'Shaughenessy, Edith, *Intimate Pages of Mexican History,* George H. Doran Co., Nueva York, 1920, p. 154.

Pauwels, Louis y Jacques Bergier, *La rebelión de los brujos,* Plaza y Janés, Barcelona, 1998.

————, *El retorno de los brujos.* <www.formarse.com.ar>.

Rosas, Alejandro, *Felipe Ángeles,* Planeta, México, 2004.

Rosales, José Natividad, *Madero y el espiritismo. Las cartas y las sesiones espíritas del héroe,* Posada, México, 1973.

Scheffler, Lilian, *Magia y brujería en México,* Panorama, México, 1990.

Solares, Ignacio, *Madero, el otro,* Joaquín Mortiz, México, 1989.

————, *La noche de Ángeles,* Planeta-Conaculta, México, 2003.

Solís, José Antonio, *Magia y brujería. ¿Son poderes reales?,* Viman, México, 2006.

Sterling, Manuel Márquez, *Los últimos días del presidente Madero,* Porrúa, México, 1975.

Tibón, Gutierre y Alberto Algaza, *Una ventana al mundo invisible. Protocolos del IMIS,* Ediciones Antorcha, México, 1960.

Tortolero Cervantes, Yolia, *El espiritismo seduce a Francisco I. Madero.* Conaculta-Senado de la República, México, 2003.

Wilder, Thornton, *Los idus de marzo,* Emecé, Argentina, 1984.

HEMEROGRAFÍA

Revista *Milenio,* núm. 513, 6 de agosto de 2007.

Revista Semanal *El País,* núm. 1628, domingo 9 de diciembre de 2007.

Revista *Proceso*, núms. 1041, 1056, 1057, 1058, 1072, 1074, 1075, 1076, 1093 y 1107.

Revista del Instituto de Investigaciones Históricas UNAM, volumen 12, documento 156, México, 2006.

La Revista del periódico *El Universal*, núm. 039, del 22 al 28 de noviembre de 2004.

Breve glosario

Astrología

Creencia en que es posible, mediante la lectura del movimiento y la posición de los astros, adivinar o predecir el futuro de las personas y aun de los pueblos. Se trata de una práctica muy antigua que muchas culturas han cultivado de diversas formas. En un principio se confundía con la astronomía —ambigüedad parecida a la existente entre alquimia y química—, pero en el Renacimiento la astrología se volvió autónoma y sobrevivió entre las cortes de algunos reyes a pesar de la condena de la Iglesia católica. Actualmente se mantiene vigente, muestra de ello es la publicación diaria de los signos zodiacales y la existencia de las cartas astrales.

Brujería

Conjunto de conocimientos y prácticas que, se cree, le dan a una persona poder para transformar la naturaleza o influir en determinados hechos. En sus orígenes se acercó a la ciencia por la experimentación con hierbas y objetos naturales. Es condenada y perseguida por la religión católica, que la vincula con el diablo. Durante el Renacimiento fue castigada por la Santa Inquisición y quienes la practicaban fueron estigmatizados como representantes del mal. Las y los brujos fueron diferenciados de los hechiceros y magos. El etnólogo español Julio Caro Baroja dice que mientras las brujas actuaban en el ámbito rural, las hechiceras eran más urbanas, pero igualmente perseguidas. Todo lo contrario de los magos, quienes, como asegura la investigadora de la UNAM, Esther Cohen, por su discurso legitimador y su cercanía con la ciencia, la filosofía y la teología, fueron admitidos por el sistema, ya que formaban parte de las cortes y reinados en calidad de asesores políticos.

En su libro *The Witch Cult in Western Europe* (1921), Margaret Murray dice que la brujería no fue simplemente un pequeño culto en Europa sino una religión pagana extendida que dio paso a otra llamada Wicca. Actualmente se diferencia entre brujería blanca, que hace el bien, y brujería negra, que actúa para dañar.

CARTOMANCIA

Arte que pretende adivinar el futuro mediante el juego de naipes o cartas de azar. Esta práctica se relaciona sobre todo con el tarot, el cual está formado por una baraja de 78 cartas que se utiliza para adivinar el futuro, y está dividida en arcanos mayores (de *arcanum*, "misterio" en latín) y arcanos menores. Sus orígenes se encuentran al parecer en el siglo XV en Italia con el duque de Milán, Fillipo María Visconti, a quien se le atribuye el primer juego de cartas, que ahora se halla en la biblioteca de la Universidad de Yale. Sin embargo, hay otros estudios que vinculan al tarot con adivinaciones egipcias traídas por los gitanos y también con la cultura occitana y los cátaros, una secta del Medioevo ubicada en Francia. Por los símbolos que utiliza —una papisa, el mago, la justicia, etc.— también se dice que antes de ser utilizada para artes adivinatorias sirvió de medio cifrado de transmisión de conocimiento filosófico.

CONCHAS (O CARACOLES)

Sistema de adivinación que usan los santeros para —supuestamente— ayudar a una persona a descifrar cosas del pasado y encontrar respuestas a su vida presente y futura. Para arrojarlas se requiere previamente haber ofrecido en sacrificio algún animal, como una gallina, pavo, ganso o cerdo. El rito consiste en poner en una cesta o en una criba un collar, una vela y una piedra mágica, en conformidad con los santos invocados. Se arrojan 16 conchas y de acuerdo con la posición y orden en que caen, el santero interpreta el mensaje. En Cuba, los babalaos las arrojan al principio del año.

CHAMANISMO

Práctica antiquísima que dependiendo de las culturas y los pueblos lo mismo combina la sanación que el espiritismo, la adivinación y la magia. Etimológicamente la expresión tiene un origen asiático, de la zona tungusa —entre China y Liberia— y proviene del término *šamán* y *sha men*, y al parecer también del sánscrito *ramana*, que significa asceta o monje. La palabra pasó a través del ruso y el alemán antes de que fuera adoptada por el inglés, *shaman*, y llegara al español como *chamán*. En Turquía y Mongolia se refería originalmente a los sanadores tradicionales o médicos; en las culturas prehispánicas de América incluye a guías espirituales y a personajes sabios con facultades de videntismo o adivinación y que conocen el uso de yerbas o plantas (el peyote entre los pueblos del norte de México y la ayahuasca en los de la selva amazónica) para comunicarse con el mundo de los espíritus y así resolver algunas situaciones problemáticas. Los chamanes tienen una función aceptada porque son considerados hombres sabios, visionarios, con capacidades sobrenaturales, que sirven a la comunidad.

ESOTERISMO

En términos generales se refiere a los ritos, técnicas, conocimientos, religiones, doctrinas o liturgias que son secretas o de difícil comprensión y que se transmiten únicamente a los elegidos en una ceremonia iniciática. Proviene del término griego *eso-teros*, que significa dentro, íntimo. De hecho en la Grecia antigua se denominaba *esotérica* a la enseñanza que se impartía sólo en las aulas de las escuelas y no a la que se difundía públicamente. Con el tiempo se ha utilizado para definir el carácter secreto de algunas sectas o los símbolos que se utilizan en ellas. En la actual cultura de masas el término también se relaciona con la práctica de actos o rituales mágicos, así como de adivinación.

ESPIRITISMO

Como corriente filosófica nació en Estados Unidos a mediados del siglo XIX, donde se registran universidades e institutos que intentaron investigar científicamente la manifestación de los espíritus. Pero fue en Francia, con Allan Kardec, donde tomó una forma más concreta como "el estudio de la naturaleza, el origen y porvenir de los espíritus, y sus relaciones con el mundo material". En 1856, León Denizard, quien se hizo llamar Allan Kardec después de que en una sesión mediúmnica recibió la comunicación de que en la época de los druidas de Galicia tenía ese nombre, publicó *El libro de los espíritus*, en el cual le dio forma a la corriente que ya se había propagado en Estados Unidos e Inglaterra. A diferencia de los estudios que ya existían, Kardec le da otro sentido al espiritismo al afirmar que "el espíritu, al separarse del cuerpo, en el momento de la muerte física del individuo, podía reencarnar en otro ser humano a lo largo de varias vidas" para lavar su impurezas y evolucionar.

En Francia su desarrollo fue tan prolífico que se creó la ouija, que proviene de la expresión afirmativa *oui* con la que se respondía a los espíritus. Ésta fue la corriente religiosa que siguieron Francisco I. Madero, Plutarco Elías Calles y otros hombres de la Revolución mexicana.

Los científicos lo han rechazado como ciencia por carecer de un método de comprobación o de medición, mientras que la Iglesia católica lo condena porque el espiritismo afirma que se pueden comunicar con el alma de manera directa, sin la ayuda de Dios. A pesar de ello, actualmente se practica en Alemania, Argentina, España, Estados Unidos, Francia, Inglaterra, Japón, Venezuela, Portugal, México y sobre todo en Brasil, donde hay alrededor de 10 mil centros espiritistas con más de dos millones de adeptos.

Hechicería

Considerada como la forma más simple de hacer magia en las sociedades antiguas, se basa en el manejo de diferentes objetos, fetiches, animales, hierbas y símbolos para conseguir ciertos fines. Se lo considera el más antiguo de los ritos, en el que se rinde culto a las fuerzas de la naturaleza bajo la advocación de diferentes dioses. La hechicería se puede definir así:

"Conjunto de ritos y prácticas cuya finalidad es el dominio de las fuerzas de la naturaleza a través de determinados espíritus que actúan como intermediarios".

LIMPIAS

Rituales que se llevan a cabo para, supuestamente, deshacerse de envidias, protegerse de algún mal o también para atraer "buenas vibraciones" como amor, dinero, trabajo. Se usan diversas flores, hierbas y plantas que, se presume, tienen gran energía y ayudan a lograr los objetivos deseados. También se utilizan limón, huevo, velas, inciensos y lociones. En México es común que se emplee la albahaca; en Brasil se usa un aceite especial de coco.

MAGIA

Conjunto de ritos basados en la creencia de que el hombre puede alterar las leyes naturales mediante conocimientos, facultades y técnicas especiales, o bien con la intervención de seres extraordinarios. La etimología de la palabra española *magia* remonta al latín *magus*, y ésta al griego *mageia*, que a su vez parece provenir de la palabra persa antigua *magus*, que tal vez significaba "miembro de la tribu". Así se denominaba a los integrantes de una tribu de la antigua Persia que se encargaban de prácticas religiosas y funerarias. Según Herodoto, los magos eran una de las seis tribus de los imperios persa y medo. Eran la casta sacerdotal de la doctrina religiosa conocida hoy como zurvanismo, rama del zoroastrismo que tenía una gran influencia en la corte de los emperadores medos. Los reyes que se mencionan en la Biblia eran precisamente tres sacerdotes *magis* que venían del Medio Oriente o Persia. Para entonces a los magos se los consideraba hombres sabios y esa misma figura es la que perdura a lo largo de los siglos, incluso en la Edad Media y en el Renacimiento, cuando la Iglesia persiguió a los brujos y hechiceros por practicar creencias y rituales no cristianos, mientras que a los magos les permitió seguir actuando dentro de las cortes de los reyes. Ésta es la diferencia que señala Esther Cohen en su libro *Con el diablo en el cuerpo. Filósofos y brujas en el Renacimiento.* Actualmente es sinónimo de ilusionismo y se aplica a los artistas que utilizan trucos visuales y simulan poderes especiales con objetivos recreativos.

NUMEROLOGÍA

Se trata de una disciplina antigua que desarrolla la creencia de que los números determinan el carácter y la acción humana. Esta práctica sostiene que las cualidades, defectos, sentimientos, inquietudes y vivencias son determinados por las cifras que aparecen al hacer un cuadro numerológico completo que incluye la fecha y hora de nacimiento, los nombres y la firma o el nombre común o el apodo por el que se conoce a la persona. Existen varias escuelas: entre las más conocidas están la cabalística; la chaldeana, que tiene sus orígenes en la civilización babilónica; la china, y la pitagórica.

QUIROMANCIA

Análisis de las líneas y montes de las manos con los que se "leen" los perfiles psicológicos y fisiológicos de las personas. Algunos quirománticos también prestan atención a las características de los dedos, las huellas, la forma, el color y la textura de la mano. Se suele empezar la lectura con la mano que más se utiliza y en algunas escuelas se sostiene la creencia de que la otra mano contiene datos sobre el karma, vidas anteriores o rasgos hereditarios. Forma parte de la quirología (del griego *quiro-keir*, mano, y *logos*, estudio o ciencia), que estudia la morfología de las manos, dedos, palma, color y tamaño. No se sabe con exactitud su origen, pero hay algunos estudios que lo ubican en la India. Al igual que la alquimia, la astrología y el espiritismo, la quiromancia es catalogada como una seudociencia no aceptada por el conocimiento científico. Durante los siglos XVIII y XIX tuvo gran auge en Europa y actualmente, a pesar de su rechazo científico, algunos médicos se han interesado en la relación de la línea simia con el síndrome de Down, y con enfermedades mentales como la esquizofrenia.

SANTA MUERTE

Culto a la figura esquelética de la muerte que de acuerdo con algunas fuentes hemerográficas se da a conocer por primera vez en el poblado de Tapetepec, Hidalgo, en 1965. También existe la idea de que su veneración tiene raíces indígenas en la creencia en Mictecancuhtli y Mictecacíhuatl, las deidades de la muerte, mezcladas actualmente con la figura de los santos de la religión cristiana. En este culto se toma a la muerte como una entidad sufriente a la que Dios le da facultades curativas, de asistencia y milagrosa. En un principio le rendían devoción delincuentes de todo tipo de los barrios populares de la Ciudad de México y zonas conurbadas, pero hoy en día tiene adeptos en muchas familias de casi todos los estados del norte del país, así como en la zona centro, donde se han construido múltiples ermitas.

SANTERÍA

Religión pagana fruto del sincretismo entre la creencia de los yoruba (grupo étnico actualmente situado en Nigeria) y el catolicismo. Nació en Cuba en el siglo XIX cuando los yoruba fueron llevados por los españoles a la isla para trabajar los campos de caña de azúcar. Los yoruba, llamados *lucumi*, derivado de su saludo *oluku mi*, "mi amigo", mezclaron sus creencias con el cristianismo impuesto por los españoles, quienes les prohibieron sus religiones tribales. El término tiene su origen en la veneración de santos u *orishas*, animados, como los humanos, por vicios, pasiones y caprichos.[*]

Orisha (dioses)	Santo	Principio que se le atribuye
Agayu	San Cristóbal	Paternidad
Babaluaye	San Lázaro	Enfermedad
Eleggua	San Antonio de Padua	Abridor de caminos
Ibeji	San Cosme y San Damián	Niños
Inle	San Rafael	Medicina
Obatalá	Nuestra Señora de las Mercedes	Claridad
Ogún	San Pedro	Hierro
Olokún	Nuestra Señora de la Regla	Profundidad
Orula	San Francisco	Sabiduría, destino
Osanyín	San José	Hierbas
Oshosi	San Norberto	Caza y protección
Oshún	Nuestra Señora de la Caridad	Eros
Oya	Nuestra Señora de la Candelaria	Muerte
Shangó	Santa Bárbara	Fuerza
Yemanyá	Nuestra Señora de Regla	Maternidad

* Fuente: Padre Jordi Rivero, <www.corazones.org./apologetica/practicas/santeria.htm>.

Actualmente se practica en Cuba, Puerto Rico, República Dominicana, Panamá, Venezuela, Brasil, Estados Unidos (Florida, Nueva York, San Francisco, Los Ángeles y San Diego), España, México, Países Bajos y Alemania. El sacrificio, una de las características de esta religión, es considerada por los santeros como la vía mediante la cual puede ser repuesto un proceso o un ritmo que haya sido interrumpido. Según los santeros las personas nacen con un ritmo específico, un ritmo espiritual en la vida que no debe ser interrumpido; cuando ha sido trastocado se requiere el sacrificio de un animal para restaurarlo.

VELAS

Quienes usan las velas creen que cualquiera sirve para obtener favores. Requiere ser del color adecuado: la roja protege contra accidentes de armas, contra el fuego y evita envenenamientos; también acerca a la persona amada. La blanca atrae la buena suerte y da protección en los viajes. La verde protege el dinero y los bienes. La azul ayuda en los juegos de azar. La café elimina a los enemigos. Una vela naranja atrae tranquilidad y creatividad. La amarilla permite el trabajo intelectual. La púrpura permite razonar y mover la voluntad. La negra se enciende para dañar, para enviar al Maligno. Además, cada día de la semana tiene su color especial.

VUDÚ

Religión cuyo origen se encuentra en las creencias animistas de los pueblos de África Occidental que fueron trasladados como esclavos a América, donde tuvieron contacto con la religión cristiana. De esta mezcla o sincretismo nacen el vudú haitiano, la santería en Cuba y en República Dominicana, así como el candomblé, la umbanda y kimbanda en Brasil, las cuales tienen también una fuerte influencia del espiritismo. Los sacerdotes vudú son conocidos como *houngans* y los hechiceros o brujos se llaman *boccor*, quienes son los encargados del contacto con los espíritus. La diferencia entre ellos es que el *houngan* sirve a los loas buenos y el *boccor* se relaciona con los malos para practicar la brujería. Se dice que algunos *boccor* son tan poderosos que pueden devolver la vida a los muertos, volar por el aire, aparecer en diversas formas y aplicar todos los hechizos y encantamientos corrientes, desde filtros de amor hasta maleficios de muerte. Las sacerdotisas se llaman *mambo* y actúan como consejeras y curanderas, pero también tienen conocimientos de hechicería y brujería.

Dentro de la tradición de magia negra vudú hay dos temas centrales: los muñecos vudú y los zombies. Los muñecos sirven como medios para controlar o dañar a las personas; son diseñados y fabricados por hechiceros que, mediante encantamientos, pretenden establecer una conexión con el cuerpo y la voluntad de un individuo. Así, cuando se lastima o manipula al muñeco, la víctima sufre dolor físico y su voluntad queda bajo el control del hechicero. Los zombies o muertos resucitados son personas que han recibido una sustancia de raíces y plantas alucinógenas y venenosas que provoca que sus signos vitales se reduzcan y sus capacidades mentales se vean afectadas. Fue utilizado para someter a los esclavos en las plantaciones de algodón, caña y tabaco, aunque hay denuncias de que en la actualidad sigue siendo usado.

NOTAS

PRÓLOGO

[1] Thorton Wilder, *Los Idus de marzo,* Emecé, Argentina, 1984, pp. 249

[2] Esther Cohen, *Con el diablo en el cuerpo. Filósofos y brujas en el Renacimiento*, Taurus-UNAM, México, pp. 11 y 12.

[3] Louis Pauwels y Jaques Bergier, *El retorno de los brujos*, versión consultada en la página de internet <www.formarse.com.ar>.

[4] Para mayor información, véase: Marcelo Larraguy, *López Rega. La biografía*, Sudamericana, Buenos Aires, 2004; y Juan Gasparini, *La fuga del Brujo. Historia criminal de José López Rega*, Norma, Bogotá, 2005.

I. LOS ESPIRITISTAS DE LA REVOLUCIÓN

[1] Consultado en la página electrónica de la enciclopedia libre *Wikipedia* en el tema "espiritismo".

[2] Para mayores datos, véase Yolia Tortolero, *El espiritismo seduce a Francisco I. Madero*, Senado de la República, México, 2004, cap. I, "El espiritismo encandila adeptos en Estados Unidos y Francia".

[3] José Natividad Rosales, *Madero y el espiritismo. Las cartas y las sesiones espíritas del héroe,* Posada, México, 1973, pp. 8-10.

[4] Véase Francisco Ignacio Madero, *Obras completas de Francisco Ignacio Madero. Cuadernos espíritas 1900-1908*, Clío, México, 2000.

[5] Yolia Tortolero, *op. cit.*, p. 16.

[6] Manuel Márquez Sterling, *Los últimos días del presidente Madero*, Porrúa, México, pp. 95 y 101.

[7] *Obras completas de Francisco Ignacio Madero, op. cit.*, pp. 228-229.

[8] *Ibidem*, pp. 235-236.

[9] *Ibidem*, pp. 253-255.

[10] Yolia Tortolero, *El espiritismo seduce a Madero, op. cit.*, pp. 18-19.

[11] Edith O'Shaughenessy, *Intimate Pages of Mexican History*, George H. Doran Co., Nueva York, 1920, p. 154.

[12] Yolia Tortolero, *ibidem*, pp. 321-324.

[13] José Natividad Rosales, *op. cit.*, p. 136.

[14] Rosa King, *Tempestad sobre México*, CNCA, México, 1998.

[15] Revista *Letras Libres*, "Tres escritos por Felipe Ángeles", abril de 1999.

[16] Odile Guilpain, *Felipe Ángeles y los destinos de la Revolución mexicana*, FCE, México, 1991.

[17] Odile Guilpain, *Acercamiento al pensamiento político del general Felipe Ángeles*, México, Revista.

[18] *Op. cit.*

[19] *Ibidem.*

[20] Ignacio Solares, *La noche de Ángeles*, Conalculta, Grandes Novelas de la Historia Mexicana, México, 2003.

[21] *Ibid.*, p. 131.

[22] *Ibid.*, p. 157.

[23] <http://www.paginasprodigy.com/8444168531/origenes delninofidencio.html>.

[24] Fideicomiso Archivos Plutarco Elías Calles y Fernando Torreblanca, *Niño Fidencio*, Gaveta 55, expediente 3, Inv. 4001.

[25] Jürgen Buchenau, *Una ventana al más allá: los últimos días de Plutarco Elías Calles 1941-1945*, Boletín 46, Fideicomiso Archivos Plutarco Elías Calles y Fernando Torre Blanca, México, 2004.

[26] Gutierre Tibón y Alberto Algazi, *Protocolos del IMIS. Una ventana al mundo invisible*, Ediciones Antorcha, México, 1960, p. 105.

[27] Jürgen Buchenau, *op. cit.*, p. 11.

[28] Gutierre Tibón *et al.*, *op. cit.*, p. 23.

[29] Gutierre Tibón, *op. cit.*, pp. 105-106.

[30] Libreta para taquigrafía núm. 120, Enrique del Castillo, S*esiones espiritistas*, Exp. 85, INV. 1531 Leg. 2/5, Archivo Fernando Torreblanca, Fondo Plutarco Elías Calles.

[31] Enrique del Castillo, S*esiones espiritistas*, Exp. 85, INV. 1531 Leg. 2/5, Archivo Fernando Torre Blanca, Fondo Plutarco Elías Calles.

[32] Jürgen Buchenau, *op. cit.*, p. 19.

[33] Jürgen Buchenau, *op. cit.*, p. 14.

[34] Gutierre Tibón, *op. cit.*, p. 19.

[35] *Ibidem*, pp. 225-226.

II. LOS BRUJOS DE LOS PRIÍSTAS

[1] Entrevista de Ricardo Ravelo, *Proceso* 1056, 27 de enero de 1997.

[2] Para mayores referencias, véase el libro de Silvia Ortiz Echanizm, *Una religiosidad popular: El espiritualismo trinitario mariano*, INAH (Científica 220), México, 2003.

[3] Entrevista de Rafael Rodríguez Castañeda, *Proceso* 1107, 19 de enero de 1998.

[4] Reportaje de Antonio Jáquez, Ricardo Ravelo y Sanjuana Martínez, *Proceso* 1093, 13 de octubre de 1997.

[5] Reportaje de Ignacio Ramírez y Ricardo Ravelo, *Proceso* 1074, 2 de julio de 1997.

[6] Entrevista de Ricardo Ravelo, *Proceso* 1056, *op. cit*.

[7] Reportaje de Carlos Marín, *Proceso* 1076.

[8] Antonio Jáquez, *Proceso* 864, México, 1993.

[9] Nota publicada en el periódico *El Norte*, 10 de abril de 1993.

[10] *Ibidem*, 9 de mayo de 1993.

[11] *Periódico El Norte,* 15 de abril de 1993.

[12] *Ibidem.*

[13] *Periódico El Norte,* 16 de abril de 1993.

[14] Antonio Jáquez, *Proceso, op. cit.*

[15] *Ibidem*, 15 de abril de 1993.

[16] *Ibid.*, 24 de mayo de 1993.

[17] Nota de Gabriela Hernández, *El Norte,* 11 de abril de 1993.

[18] *El Norte*, 21 de febrero de 1998.

III. APRENDICES DE BRUJOS

[1] Rodolfo Montes, *Proceso* 1350, 15 de octubre de 2002.

[2] Anabel Hernández, *Esoterismo en Los Pinos,* publicado en *La Revista 039*, del 22 al 28 de noviembre de 2004.

[3] Rodolfo Montes, *op. cit.*

[4] *New age* o "nueva era" es una corriente que se inició en Estados Unidos en la época *hippie* con la idea del comienzo de la era de Acuario, que significaría una nueva etapa de la humanidad llena de energía, prosperidad, armonía y amor. Con los años dio lugar a un sincretismo de creencias religiosas y filosofías occidentales y orientales, a la cual luego se sumaron ideas seudocientíficas de la física cuántica y la psicología. En este torrente de creencias se podría ubicar a los mayas galácticos.

[5] Profecía del Chilam Balam que el subcomandante Marcos utilizó cuando mil 111 indígenas mayas del EZLN salieron de Chiapas en 1997 para hacer un recorrido por todo el país en

demanda del cumplimiento de los Acuerdos de San Andrés por el respeto a los derechos y la cultura de los pueblos indígenas de México.

[6] Existe poca bibliografía de esta corriente, pero se pueden consultar algunas páginas web, entre ellas, *Aztlan Web.com.*

[7] *Ibidem.*

[8] *Ibid.*

[9] Anabel Hernández, *Esoterismo en Los Pinos,* en *La Revista 039* del 22 al 28 de noviembre de 2004.

[10] Santiago Pando, *México tiembla de miedo, Quehacer Político,* núm. 25, Época II, 24 de septiembre de 2006.

[11] Anabel Hernández, *Esoterismo en Los Pinos, La Revista* 039, semana del 22 al 28 de noviembre de 2004.

[12] Álvaro Delgado, *El Yunque. La ultraderecha al poder,* Random House Mondadori, México, 3a. reimp., 2007.

IV. LOS NUEVOS TIEMPOS

[1] Yolótl González Torres, "Las religiones afrocubanas en México", p. 269, en *América Latina y el Caribe. Territorios religiosos y desafío para el diálogo,* Aurelio Alonso (comp.), Buenos Aires, febrero de 2008.

[2] Yolótl González, *op. cit.,* p. 265.